大学教育与诗意栖居

夏跃平　贝静红　编著

浙江工商大学出版社
ZHEJIANG GONGSHANG UNIVERSITY PRESS
·杭州·

图书在版编目（CIP）数据

大学教育与诗意栖居 / 夏跃平，贝静红编著. — 杭州：浙江工商大学出版社，2022.11
ISBN 978-7-5178-5113-4

Ⅰ. ①大… Ⅱ. ①夏… ②贝… Ⅲ. ①高等学校—人才培养—研究—中国 Ⅳ. ①G649.2

中国版本图书馆CIP数据核字（2022）第167664号

大学教育与诗意栖居
DAXUE JIAOYU YU SHIYI QIJU
夏跃平　贝静红 编著

责任编辑　沈敏丽
责任校对　何小玲
封面设计　朱嘉怡
责任印制　包建辉
出版发行　浙江工商大学出版社
（杭州市教工路198号　邮政编码310012）
（E-mail：zjgsupress@163.com）
（网址：http://www.zjgsupress.com）
电话：0571-88904980，88831806（传真）
排　　版　杭州彩地电脑图文有限公司
印　　刷　杭州高腾印务有限公司
开　　本　710 mm × 1000 mm　1/16
印　　张　9.75
字　　数　112千
版 印 次　2022年11月第1版　2022年11月第1次印刷
书　　号　ISBN 978-7-5178-5113-4
定　　价　42.00元

本书由 2021年度浙江文化研究工程项目基金
浙江省一流课程“大学教育与诗意栖居”
浙江省网络教育贝静红名师工作室　支持出版

序言

为了学生的诗意栖居而教

人接受教育究竟是为了什么？英国哲学家、教育家斯宾塞在19世纪就提出，教育的目的是为人的完满生活做准备。也许很多人接受教育，就是为了这个目的。这显然无可厚非，但问题在于“完满生活”的标准是什么？这是个仁者见仁、智者见智的问题。此外，我们还需追问：什么样的教育能使人过上他自认为的完满生活？这是一个更有意义的议题，作为对人类命运有着一种终极关怀的知识分子，特别是作为一名教师，更应该关心这个问题。

综观今天的大学，特别是在一大批普通大学里，不少学生几乎是被高等教育大众化的浪潮裹挟进来的。他们在大学里没有明确的理想，不善于处理人际关系，遇到学习上的困难缺乏克服的毅力，面对大学生活的众多可能丧失了选择能力；大学毕业后走上社会时，又缺乏工作能力，难以适应工作岗位的需要。作为一名大学教育工作者，能不为这种现象深深地忧虑吗？忧虑之余，我们能为学生做点什么？思考这些恐怕更有意义。

分析当下中国大学生中存在的问题的原因，会发现一部分学生缺乏独立性、自主性、自觉性，从而缺乏创新性和创造性。如何让这部分学生健康发展，从而成长为建设祖国的有用之才，正是我们编写这本教材的初衷。

德国诗人荷尔德林在一首诗中写道：“充满劳绩，然而人诗意地栖居在这片大地上。”德国存在主义哲学大师海德格尔把“人，诗意地栖居在大地上”，作为自己所追求的人生最高境界。

我们对“人，诗意地栖居”境界的理解，就是“自由”的境界、“自在”的境界，即“自由自在”的境界。马克思在《共产党宣言》中谈到“每个人的自由发展是一切人的自由发展的条件”，因为每个人的自由发展才能为这个社会带来无限的创造力，为这个社会积累必要的物质财富，从而为一切人的自由发展创造条件。

现在要问：人的“自由自在”的发展与教育是什么关系呢？众所周知，人的教育是一种有意识有目的的社会活动，它不可能停留在无意识的“自在”水平上，只能导向一种更高级的“自由”水平。“自由”已经不完全“自在”，它加入了“人为”的痕迹，体现了人的社会性，正如马克思所说：“人的本质不是单个人所固有的抽象物，在其现实性上，它是一切社会关系的总和。”但“自由”还要遵循生命自然发展的顺序，不违背人的“自在”的要求。只有“自在”的，或者是不违背“自在”的生命，才会是自由的。生命的自由表现为主体自由、社会自由和个性自由，无论是哪一种自由形态，都首先要求人成为独立的、具体的、有完全人格的主体。可以说，具有独立性、自主性、自觉性、能动性，这是人之自由的前提。没有独立性、自主性的人，无法使自己“发光”，更不可能对社会有创造性的贡献，也体会不到真正的充满乐趣和意义的人生！何谈人生的诗意栖居？

所以，为了让我们的学生能够实现“诗意地栖居”，我们的大学教育首先要点燃学生心中的理想之灯、求知之灯、向善之灯，激发和引导他们的自我发展之路，使他们都能成为具有独立性、自主性、自觉性的人。这样的人才是大写的人，才可能有创造力和创新精神！这就是大学教育的使命！

因此，我们希冀：为了学生的诗意栖居而教！

夏跃平

2022年2月28日于揽月湖畔

扫一扫

目录

诗意人生七讲

心灵感悟

诗意人生七讲

今天，你为什么上大学？
今天，你如何上大学？
大学毕业后，你准备干什么？

第一讲　大学教育与人生的诗意栖居

同学们，你们好！

经过12年的寒窗苦读，你们终于迎来了人生的一个崭新阶段——大学。值此人生转折之际，你是否了解大学是一个什么样的地方？大学教育与你以前所受的基础教育有什么异同？你是否思考过：今天，你为什么上大学？今天，你如何上大学？大学毕业后，你准备干什么？

也许，有的同学已思考过；也许，有的同学根本没思考过。但我真诚地希望同学们认真而系统地思考这些问题，并做出正确的选择，这将对你们的一生产生积极的影响。古人云："凡事预则立，不预则废。"这实际上告诉我们：一个成功人士，对自己的人生一定是有规划的，反之，你做一天和尚撞一天钟，浑浑噩噩过完四年大学生活，你在大学阶段将一事无成。国学大师钱锺书先生在清华国学院读书时，学习目标就是“横扫清华图书馆”！当他读到大学三年级时，有一次为一位教授去代课一个月，当时的学生很瞧不起他，有意为难他，向他提了很多问题，钱锺书先生不仅能一一解答，而且还告诉学生，这个问题在哪一本书上有解答，并能准确无误地告诉学生答案在这本书中第几页。很多学生对此佩服不已。试想，钱先生若没有扎实的读书功底，岂能做到这一点？无论是在大学还是在未来的人生道路上，你会碰到很多机遇，抓住了机遇，也许就会使你的人生道路阳光灿烂，但须知机遇永远垂青有准备的头脑。所以，我今天和大家一起思考这些问题，以期同学们能正确地规划自己的四年大学生活，更希望同学们在大学毕业后能满怀信心地走向社会，为人类社会的进步，贡献你的聪明才智，去创造属于你的未来，从而真正实现诗意地栖居在这颗蔚蓝色的星球上。

同学们，我对“人生的诗意栖居”的理解是，人能相对自由地发展自己的个性，在追求自身自由发展的同时，为人类的更好发展贡献自己的力量，这就是马克思在《共产党宣言》里所说的：“每个人的自由发展是一切人的自由发展的条件。”接下来，我们来共同讨论这些问题。

一、大学是一个什么样的地方

对“大学是一个什么样的地方”，有很多种描述。有人说，大学是“象牙塔”，是追求学问的地方；有人说，大学是“研究院”，是进行科学研究的地方；也有人说，大学是“加油站”，为你的人生加油，助你今后更好地发展；还有人说，大学是人类文化的摇篮，为人类传承和发展文化做贡献。这些观点都有一定的道理，把这些观点综合起来，恰恰反映了大学具有的功能，即大学是集人才培养、科学研究、社会服务、文化传承为一体的地方。但这样的描述，如果站在同学们的角度看，与同学们在大学里应该怎样学习、怎样开展科学研究，又有什么关系呢？

因此，我更欣赏哲学家、数学家、教育家怀德海对大学的描述：大学就是一批有经验的老人和一批充满了求知欲望的年轻人在一起共同讨论问题的地方。怀德海对大学的这一描述，如果从教育学角度看，满足教育活动应具有的三大要素：教育者——一批有经验的老人；受教育者——一批充满了求知欲望的年轻人；教育内容——问题。而且，问题，不仅仅局限于书本上的问题，更有现实世界的问题。如果从学生如何学习的角度看，它还告诉我们，读大学必须有问题意识，这一点非常重要，因为，问题是科学研究的入口，问题的逐步解决，恰恰是一个学生的学习过程，也是能力发展的过程。有了问题，不仅自己要思考，而且应该多向老师请教，通过共同的讨论，通过老师的指点，再通过自己对理论的学习，把问题逐一解决。这不正是孔子说的“学而不思则罔，思而不学则殆”的最好诠释吗？法国著名哲学家雅克·德里达认为，大学和一般所谓国家、市场或其他机制所确定的场所是不一样的。大学是一个能够原则上独立地、无条件地提出真理、人的本质、人的形态等问题的地方，也就是能够无条件质询的地方。我们要追求真理，也要质询真理，大学拥有无条件质询的传统。大学是有灵魂的，所以要培养人，培养能够观乎人文、化成天下的人。大学的知识空间是公共的，能够打开问题的探索。青年大学生不仅仅要关心专业学科里面的问题，还要关心那些真正的社会问题，不是抽象的关心，而是要跟自己的研究相结合，这样才能学以致用。

大学里的知识分子有两种成就，一种是创造和生产有价值的学术作品，三十年、五十年甚至更长的时间之后，人们还能阅读你的著述；另一种就是培养一些真正优秀的弟子，传道继业。清华大学格非老师曾讲过一个例子："我讲一个故事。我有一个女学生，从其他系转到外语系后来听我的课，当时精神状态有点不好，每次上课都睡觉，突然有一天睡了一觉醒来，发现我在讲《红楼梦》，她听了两耳朵觉得挺有道理，就不睡了，开始听，回去赶紧找书来看，但是看了四遍没有看懂。这个人是一个对文学不敏感的人，一般敏感的人，十七八岁，《红楼梦》就很精通了。但是过了很多年之后，她偶然有一次读《红楼梦》突然开始哭了，读进去了，觉得所有这些人物都是生活中平常的人，都那么和蔼可亲。这个学生后来就给我写了很长一封信，谈前后的变化，谈生活感受，这封信我到现在还保留着。她说，我觉得上天派了一个人，就是您，来帮我，我那个时候已经觉得生活完全没有意义了，除了睡觉什么都不想做，可是突然有一天有一个人在讲《红楼梦》……这个学生在信里分析《红楼梦》，也有相当的境界和深邃程度。我觉得这个学生不管将来是否是一个成功人士，都没有关系。在我的心目中她成了'人'，成就了我希望她成就的最好的一个结果。作为老师最大的骄傲不是培养了多少位博士，培养了多少位栋梁之材，而是因为某个时间段或某个时间点我跟某个学生建立了一个联系，而我不知道我传达了某种超越时间的声音，我自己也不知道这个东西有没有用，但是对某一个人有用，就已经足够了。"

作为老师，要教导学生学会高质量的交往。同学之间，同伴之间，师生之间，要学会思想的分享，只有在不断地自由反驳与回应中才能生成智慧。因此，同学们一定要带着问题学习，一定要多请教比你年长的老师，以培养自己分析问题、解决问题的能力。

对绝大多数同学而言，大学也许是系统学习知识的最后一个地方，是从一名学生走向社会的最后一个驿站。那么，你应该以怎样的姿态走向社会？首先，取决于你在大学里受了什么样的教育。其次，取决于你在大学里以什么样的状态学习，你在大学里收获了什么。为此，你就应该了解大学教育与你以前所受的基础教育的异同。

二、大学教育与基础教育有什么异同

每一个个体在生命成长的过程中，都要接受基础教育，特别是在现代社会，人类已经创造了很多类经验和丰富的自然科学、社会科学知识，要想生存并有所发展，就必须接受一定年限的基础教育。而基础教育是为人的一生的发展起奠基作用的。因此，好的基础教育，一是为学生的人品、学问、处世和身心健康打下基础；二是为社会所需的各类人才的培养打基础。所以，基础教育的使命，可以用“三底”概括：让学生懂得且遵循做人、做事必须有的底线，比如做人必须讲诚信，讲道德，这就是底线；让正处在童年、青少年时期的学生阳光、自信、热爱生活，对未来抱有希望，不畏人生成长中的艰难这些生命的底色；同时让青少年具有走出只能依靠直接经验认识世界的时空思维局限，获得走进文化世界的工具，拥有借助文化知识及其符号交流不断学习、探索、创造未来世界的能力这些生命的底蕴。这就是我们说的良好的基础教育应具有的特征。

但现实是，我国不少中小学生都在为升学而学习，读初中是为了考上更好的高中，读高中是为了考上更好的大学，几乎每天都在“题海”中沉浮，童年应有的童趣，青少年应有的阳光，自己想做的心爱的事情，几乎都被“题海”挤压，因此，良好学习习惯的养成、对知识学习的兴趣、自我学习能力的培养几乎都成了泡影。所以，我们的大学生如果要真正成才，不仅要继续学习大学所赋予的知识，而且还必须对青少年时期没有形成的良好习惯进行补课与重构。

何谓大学教育？“大学”二字最早出现在《礼记》里：“大学之道，在明明德，在亲民，在止于至善。”这实际上道出了大学教育的要义，用南宋大儒朱熹的话解释，大学乃是“大人之学”。这里的“大人”是指具有伟大品格的人。所以，今天的大学校园很多只是做了器物层面的解读，而大人之学才是真正精神层面所需培养和凝练的内容。我理解的大人之学，至少包含了四个方面。

第一，“大专”：“术业有专攻。”所有的大学无不以此为根本，当然所有的大学生也就必须以此为根本，没有专业不成大学，没有专业学习也就不成为大学生。这就是大学教育与基础教育的显著区别。因此，大学生要在“专”字上下苦功夫是毫无疑问的，但更要在“大”字上用功，也就是说，仅懂得一点专业知识还不行，还必须在你的专业里学“精”、学“深”，所谓学而不精等于不学，可以这么说，不精通等于没有专业，没有专业也就与大学生的要求不符。

第二，“大德”：专业只解决了你走向社会后做事的问题，品质才能解决你做人的问题。正如马克思所言：“人的本质不是单个人所固有的抽象物，在其现实性上，它是一切社会关系的总和。”在传统文化中，中国的儒学强调，人生最重要的目的是成就美德，所以中国有句话叫作“有志不在年高”，即你活到多大岁数没有关系，重要的是要成就美德。中国是一个讲道德的国家，你的生命要有意义，你要有责任感，你要肩负起你的责任，要完成你在这个世界上的使命。每一个时代都有每一个时代的历史使命，当代青年只有正确认识这个时代，解读这个时代，引领这个时代，才能在贡献自己的力量时书写自己的人生华章。习近平总书记强调：“人而无德，行之不远。没有良好的道德品质和思想修养，即使有丰富的知识、高深的学问，也难成大器。”践行社会主义核心价值观的基石便是培养和践行“四德”，即个人品德、家庭美德、职业道德和社会公德。在讲到家庭美德时，习近平总书记谈到了“家风、家训、家教”的逻辑问题。2016 年习近平总书记在会见第一届全国文明家庭代表时提出：“家庭是人生的第一个课堂，父母是孩子的第一任老师。孩子们从牙牙学语起就开始接受家教，有什么样的家教，就有什么样的人。家庭教育涉及很多方面，但最重要的是品德教育，是如何做人的教育。也就是古人说的‘爱子，教之以义方’，‘爱之不以道，适所以害之也’。”过去一个人死了，说他“终”，不说他“死”。所以有句古语：“小人曰死，君子曰终。”对小人来说是死了，对君子来说不是死了，而是终了，你完成了你一辈子的使命，你孝敬父母，抚养孩子，你把你的工作完成了，那你就无憾了，你“终”了，结束了。“始、壮、究”指的是三个阶段，“究”代表终了和完成。比如说古人，去世的父亲叫“考”，去世的母亲叫“妣”。“考”是“成就”的意思，指的是父亲可以无憾地走了，因为他养育了子女，勤勤恳恳做了一辈子正直的人，他成就了他的美德。那么母亲呢，她的品德完全可以和父亲媲美，所以也可以毫无遗憾地离开了。所以孔子讲“朝闻道，夕死可矣”。学会感恩，是人类道德文明和高尚情操的体现。“做人、做事、做学问”，首先是做人，不解决做人的问题，你可能很难有做事的机会，即使有了也做不长。所以，《礼记》里说：“大学之道，在明明德。”品质是从个性心理特征中磨炼出来的更为坚固的心理特征，是一个人的质地，也是后天性的质地，需要人在学习和社会实践中养成。其实人的品质寻根究底不过是真假，善恶，美丑，耐力、毅力、懒惰，博爱、自私等五类。无论你日后自己创业也好，或参加社会其他组织也好，如果你不具备与之相匹配的品质，成功只不过是一辈子的梦呓。

第三，“大识”：就是你的见识与众不同，这一点尤其可贵。因为，人的素质中，有德、识、才、学：“德”是做人的根本，“学”是“才”的基础，而“识”与“才”比较，“识”是解决战略、方向问题，“才”是解决战术、细节问题。与众不同的见解往往解决大问题，这不是一种知识的表现，而是一种思维模式。罗尔斯认为在一个文明的社会里，公民必须具备两种基本品质或能力。一是“善生活”的观念，也就是公民自身追求“善生活”的理想和动力；二是每个公民都应有一种正义感。正义感是判断一个社会道德温度的最基本尺度。如果一个社会出现太多的道德冷漠，那么这个社会的道德温度就会太低而不堪忍受。公民的正义感是一个社会道德水准的检验基准。所有的道德伦理问题都是从正义开始的，如果一个人连基本的正义感都没有，就别谈什么道德伦理了。要让公平与正义像阳光一样照耀每一方土地，像空气一样存在于我们的生命中。就如卢梭所说：“人生而自由，却无往不在枷锁之中。”“大识”首先就是大思。何谓大思？辩证逻辑思维是一个人的思维可以达到的最高境界，是指导一个人能客观而不是片面，发展而不是静止，联系而不是孤立地看待、分析问题的思维。一个大学生是经过层层挑选选出来的人，毫无疑问是能形成辩证思维的，关键是你愿不愿意以辩证思维指导自己的行动，愿不愿意有意识地培养自己的辩证思维。心理学家罗杰斯提出了著名的人成长的三个基本条件：一是自我的和谐与真实，即一个想、说、做不一致的人不可能有真正的成长；二是移情理解他人，即不能从他人的角度考虑问题的人不可能有真正的成长；三是积极关注，即总是关注消极面的人不可能有真正的成长。“大识”还表现在信念上，是坚定的价值观，即在无所谓对错的情况下坚持原则。这一点对人的成长同样重要。

珍惜时间。我们可以忘记时间，可以把时间抛到一边，但是时间从来不会放过我们。这一点《红楼梦》中所描述的“三春去后诸芳尽，各自须寻各自门”说得很清楚。所以格非教授提出，人们如果没有对时间的沉思，没有对意义的思考，所有的空间性事物，不过是一堆绚丽的荒芜。如果我们不能够重新回到时间的河流当中去，我们过度地迷恋这些空间碎片，我们每一个人也会成为这条河流偶然性的风景，成为一个匆匆的过客。我们这个世界之所以可爱，之所以美好，是因为我们每一个人都生活在有限的时间里。对意义的思考会改变我们的行为，会改变我们的气质，会改变我们对生活乃至对死亡的态度，会让我们产生重要的变化。不管我们遭遇多么烦人的苦恼，只要回到时间的河流里，就能找到方法来化解一切矛盾。所以，我们要学会思考，即“大思”，思字的构成是上下结构，上面是田，下面是心，人必须学会思考，才能选择过有意义的生活，要学会当下思、反思和对未来做具有前瞻性的规划。如果一个人缺乏思考的行为和能力，无疑会过上日度三餐、夜度一宿的“猪栏”式生活，因此必须“吾日三省吾身”。如果心的进化还没有完成，那么我们还处于“半人时代”。人类发展的第二步就是用道德理性战胜残留在我们心灵或者精神家园里的动物的野性。毛泽东在《纪念白求恩》里曾号召大家学习白求恩，做一个高尚的人，一个纯粹的人。当我们大多数人还不纯粹时，我们需要通过文化的力量，通过教化的力量，在缓慢而曲折中不断实现这种品质。当西方人还沉浸在宗教文化中时，我们的先人已经提出了“以人为中心”。所谓以人为中心，以人为本，就是要引导全社会的人崇德修学，修身、敬德，做君子，成为真正意义上的人。我们今天的生活，最可怕的不是死亡，而是什么呢？是我们丧失了思考的能力和选择的能力。我们一头扎进一个自动化的生活之中，读书、求学、工作、买房、结婚，这些都是别人规定好的，是一个自动化的过程，不需要思考。这样的生活是机械的，但是作为一个理性的人，我们必须学会思考，在思考中做出抉择，通过思考来指导自己的行为，通过反省来做出我们的抉择，在正确的时间做正确的事。通过思考，不断扩展自己生命的厚度，有一天，能够实现顿悟，豁然开朗，实现生命质量的不断提升。

第四，“大为”：所谓大为就是指能自己主导自己的行为，不再像在中学阶段对父母和老师那样俯首帖耳、唯命是从，不再是为了分数、为了高考而学习，而是用行动来表达一切。你的大学生活不再是纯程序化的，在大部分情况下你可以自由地控制自己的生活，做自己的主人，也就是说，你现在就可以向着自我实现的人生总目标前行，而不是通常所说的“业”在“学”后成，你完全可以边干边学。认识自己，发现自己，培育自己，提升自己，实现自己。正如苏轼在《题西林壁》中所吟诵的“横看成岭侧成峰，远近高低各不同。不识庐山真面目，只缘身在此山中”。德国哲学家、文化哲学创始人卡西尔认为，人类是具有无限学习能力和自我教育能力的文化动物。人类具有两种非凡的能力，一种是自我组织的社会化能力。通过社会化、文化化的方式生存，我们的生命力量变得非常强健刚毅。我们能改天换地，洗心革面，“可上九天揽月，可下五洋捉鳖”。另一种是自我改进的能力。我们通过不断的反思，发现问题，解决问题，逐渐实现自我提升，自我净化，自我完善，达到自我实现。我国古代思想家荀子曾说：“口不能言，身能行之，国器也；口能言之，身不能行，国用也。”因此，同学们要认识自己，规划自己，找出问题源，定出任务书，规划路线图，谋定时间表，亮出成绩单，把自己培养成为大为之人。

同学们，当你了解了大学教育的这些特点后，就应该扪心自问，我将怎样度过这四年的大学生活，我将以怎样的状态走向社会？接下来，我跟大家一起集中讨论三个问题：今天，你为什么上大学？今天，你如何上大学？大学毕业后，你准备干什么？这三个问题源于我国气象学家、教育家、浙江大学老校长竺可桢先生的一段告诉浙大学子的话：“诸位在校，有两个问题要问问自己，第一，到浙大来做什么？第二，将来要做什么样的人？”即“来校为何？离校何为？”我每每看到学生们在校园里的学习、生活状况，就向我的学生们提出这三个问题，希望同学们通过对这三个问题的思考，明确人生的目标，在大学发愤学习，将来报效祖国，做一个对社会有益的人。今天，我还是将这三个问题抛给大家去思考。

三、“三个问题”该如何回答

1. 今天，你为什么上大学

一般而言，中国现代意义上的大学是很晚才发展起来的。我们最早的大学，可以说是洋务运动的产物。1880 年 8 月，直隶总督兼北洋大臣李鸿章奏请成立北洋水师学堂，严复任总教习。北洋水师学堂一个重要的特点，就是跟军事相关。每周课程设置除了学习中文的经籍外，还要学习英文，因为要学习国外的知识。课程包括地理、代数、几何、水学、热学、天文学、气候学、绘图、测量、枪炮操演、鱼雷、机械、仪器使用等。其设置的目的是培养强兵。

之后在戊戌变法时期，中国现代意义上的大学教育肇始于 1898 年成立的京师大学堂，也就是北京大学的前身，其办学宗旨是中学为体，西学为用，中西并用，观其会通。这个时候已经形成了普通学科、专门学科，然后又有了不同的 7 个科目、13 个门类。在五四运动的背景下，北京大学开始了新的改革。后来又有了清华大学。由那时开始的大学教育，培育的都是学术精英、国家栋梁，一般称之为精英教育。1949 年 10 月，中华人民共和国成立，由于经济条件限制，接受正规大学教育的人还是少数，那时的大学毕业生都是包分配的，仍然可称之为精英教育。1999 年以来，中国的高等教育驶入了快车道，经过连年扩招，到 2003 年，我国接受大学教育的人数按毛入学率计，已达 17%，超过了 15%，按美国哈佛大学教授马丁・德罗的观点，已进入了高等教育大众化时代，特别是在一些经济发达的地区，如北京、上海、浙江、江苏，毛入学率都超过了 42%，接近高等教育普及化程度。2016 年，全国大学生毛入学率已达到 42.7%，接近普及化程度。而且，国家对大学生的就业政策已改革为“双向选择、自主择业”。

面对着大众化高等教育时代的来临，今天的大学生究竟应该怎样学习？面对着每年 1000 万左右的毕业生参加就业的现状，你凭什么在社会上安身立命？可以这么说，在当下，普通的大学文凭已不再奇货可居，上大学不再意味着拥有“铁饭碗”。过去，包分配年代的大学生有一部分人抱着“60分万岁”的想法读大学，今天已完全不适合了。给大学文凭拥有者一个好工作和一定的社会地位，从来不应是设立大学的本意。大学帮助学生获得知识和能力，而学生运用获得的知识和能力去创造新的知识，或者为企业、社会创造财富，这才是大学教育的真谛。

所以，同学们一定要端正读大学的动机，通过系统的大学教育和专业学习，充分利用大学这个新的学习平台，培养“独立之精神、自由之思想、健全之人格、专业之特长”，以迎接社会对你的挑战，做一个有理想、有本领、有担当的时代新人。

2. 今天，你如何上大学

当你了解了大学的情况以及未来的就业形势后，接下来就应该思考，你如何上大学的问题。

首先，你应该志存高远。读大学不仅仅是为了毕业后找一份工作，因为如果你有能力，就一定能找到一份好工作，并且在社会上能更好地发展。古人云：“取法乎上，仅得其中；取法乎中，仅得其下。”这就是立志，这是一个有抱负、有理想的人成功的秘诀。一定要坚信“天道酬勤”的道理，要相信“读书改变命运，知识增强活力”这句话在任何时代都不会过时。

其次，读大学要掌握学习方法，特别是自主学习的方法。中国很多大学生在高中阶段学习时，几乎都是被动学习，高考考什么，老师就教什么，学生就练什么，无边无际的“题海”，使学生丧失了自主学习的自由和时间，所以，一到了大学里就不知道该怎么学习了。一个优秀的大学生，通过四年的大学学习，应该掌握自学能力和自主学习的方法，能通过自学掌握老师没有教过的知识，这才是你将来走向社会后的核心竞争力，你的事业获得成功的制胜法宝。须知，一个人即使大学毕业，所学的知识充其量是他将来在社会工作中要用到的20%，如果没有自学能力，没有养成学习的习惯，怎么迎接未来社会的挑战?

最后，要学会管理自己的生活，正确处理学习与娱乐的关系，要通过与同学之间的友好相处，培养交往能力和团队精神，这对将来走向社会与同事友好相处，并在团队中发展自己，有着重要的意义。

3. 大学毕业后，你准备干什么

今天的大学生正处在大众化高等教育阶段，但我们必须认识到，大众化高等教育并不是对精英化高等教育的颠覆，而是对大学人才培养目标的拓展。大众化高等教育阶段，大学生的“出路”呈多元化趋势，从人向往自由的角度讲，今天的大学生比从前的大学生有了更多的选择和自由，毕业后的“出路”至少有五条：考研继续深造、考公务员、出国留学、到企业工作、自主创业等。那么，你究竟走哪一条路？这需要你自己做选择。而且，不同的选择将直接影响你在大学的学习生活。

古人云：“凡事预则立，不预则废。”大学毕业后的五条道路对大学四年的学习要求是不一样的，你必须早做准备。如果你是一个对自己人生负责任的人，那么就应该对未来有所计划，一旦做出了选择，你就必须为之奋斗，并且锲而不舍。要知道，天上永远不会掉馅饼！机遇永远只垂青那些有准备的人！所以，希望同学们在大学里有自己的目标，尽早地规划自己的四年大学生活，千万不要蹉跎岁月！

同学们，当你们对大学和大学教育已有初步了解，并认真思考了以上三个问题后，你们的大学生活才真正开始了。大学四年，不仅是你们学习知识、掌握方法、培养能力、学会交往的四年，更是你们的生命走向成长和成熟的四年，是你们真正“成人”的四年。也许，有的同学会说，我都十八岁了，难道还没有成人？为此，首先得界定何谓“成人”。在现实语境里，“成人”主要包括两层意思：一是生理学层面的“成人”——当一个孩子的第二性征逐渐成熟，明白自己是男性还是女性时，我们说，他在生理学层面“成人”；二是法学层面的“成人”——高中母校在你们十八周岁那年，会举办“成年礼”仪式，这意味着你们在法学层面已经“成人”，享有宪法所赋予的选举权与被选举权，在理论上，可以脱离父母的监护，独立承担法律责任了。但上述两个层面的“成人”，并不是我所强调的价值层面上的“成人”——精神成人。我所理解的精神成人，是指你能持续地问自己这样一些问题：我要怎样做人？做怎样的人？怎样生存，才可能真正活出人之所以为人的独立特有的自我价值？用古希腊先哲苏格拉底的话说：“未经审视的人生是不值得过的！”作为大学生必须有更高的生活境界、更高的人生追求。这才无愧于大学生这个称号，无愧于受过高等教育！

人的一生是不断社会化的一生，人不仅有动物性的一面，更有社会性的一面，作为现代社会的文明人，离不开社会而生存。为了让这个社会变得更加美好，你必须对这个社会有所担当、有所贡献。所以，一个接受过良好高等教育的大学生，必须使自己“精神成人，专业成才”，从而做一个对祖国、对社会、对人类有益的人。

我对精神成人的理解是有理想、有抱负，有责任感、能担当，有毅力、能吃苦，有宽容的胸怀、能与人友好相处，有选择能力、不为世事变化而随波逐流。在此基础上，学好自己的专业，力争在专业上有自己的一技之长，具备报效祖国的能力。在我看来，精神成人是专业成才的基础，只有学会做人，才能更好地做事。因此，精神成人比专业成才更重要。爱因斯坦认为，通过专业教育，人可以成为一种有用的机器，但不能成为和谐发展的人；要使学生对价值有所理解，并产生强烈的感情，最基本的，他必须获得对美和道德上的善的鲜明辨别力。大家都知道原子弹威力的理论来自爱因斯坦的著名质能公式：$E=mc^2$。但当听说核武器有可能大规模运用于战争时，爱因斯坦痛心疾首，这就是一个科学家的良知。现代生物技术的进步，使人类掌握了克隆技术，但全世界的生物科学家都约定，这项技术不能用到人类身上，因为这涉及生命伦理学范畴。现代教学技术的进步，需要我们有专业知识，但更需要我们有道德和良知，需要我们拥有对人类命运的终极关怀。现在，社会上有很多的假冒伪劣产品，正在毒害着我们，这些产品的背后都有科学技术的支撑，如“三聚氰胺”仿造蛋白质，“瘦肉精”的发明，等等。因此，我说“精神成人”，做一个有良知的大学生比“专业成才”更重要。

同学们，大学生活的帷幕已经拉开，迎接你们的是丰富多彩的大学生活，有艰深的专业知识的学习，有老师和同学们的朝夕相处；但你也必须清醒地认识到，我们正处在一个价值文化多元化的时代，一个互联网相当发达的时代，应该“止于至善”，勤奋而心怀目标地学习，充实地度过你走向社会前的最后一个驿站，当你回首往事时，才不会为碌碌无为、蹉跎四年大学生活而懊悔。《礼记·大学》开宗明义，指出“三纲八条目”，“三纲”是指：“大学之道，在明明德，在亲民，在止于至善。”这句话从表面上看，是讲个人修养之道，但其内涵涉及社会、政治、文化。“亲民”解决的是社会关系问题，“明明德”探求的是文化与社会层面的问题，而“至善”则是精神与社会的最高境界。在中国的文化传统中，人们往往是在道德层面上思考问题。对未来社会的理想集中在《礼记·礼运》关于“大同”境界和“小康”社会的描述之中。“八条目”指：“明德”，包含“格物、致知、诚意、正心、修身”，这都属于内修的境界和内涵；“亲民”是讲外治，包含“齐家、治国、平天下”。其实在这段话后面，还有一段很重要的话，即“知止而后有定，定而后能静，静而后能安，安而后能虑，虑而后能得，物有本末，事有终始，知所先后，则近道矣”。“定”指的是定力，也就是你能不能抵御外部对你的各种诱惑而始终不渝地从事你所相信的事业。“静”即“心不妄动”。老子在《道德经》中说“为学日益，为道日损”，讲的就是学习各种知识且不断积累，会对自己不断产生裨益，能够更多地了解这个世界。如果真正要体会这个世界的道、规律，有的时候要学会放下，学会做减法，要把自己内心的一些杂念、欲望都先去掉，才能谋定而后动，真正静下来。“安”的关键就是能够真正踏踏实实做事。梁漱溟先生在《欲望与志气》中说：“在这个时代的青年，能够把自己安排对了的很少。在这个时代，有一个大的欺骗他，或耽误他，容易让他误会，或让他不留心的一件事，就是把欲望当志气……越聪明的人，越容易有欲望，越不知应在哪个地方搁下那个心。心实在应该搁在当下的。可是聪明的人，老是搁不在当下，老往远处跑，烦躁而不宁。所以没有志气的固不用说，就是自以为有志气的，往往不是志气而是欲望。仿佛他期望自己能有成就，要成功怎么个样子，这样不很好吗？无奈在这里常藏着不合适的地方，自己不知道。自己越不宽松，越不能耐，病就越大。所以前人讲学，志气欲望之辨很严，必须不是从自己躯壳动念，而念头真切，才是真志气。”“虑”指的是深入地思考，对事物深思熟虑，能够把握事物发展的趋势。“得”通“德”，得体，得当。电视剧《士兵突击》里许三多有一段话对我们每一个人都很有启发：“我要做有意义的人。做有意义的人，每天就要做有意义的事。每天做有意义的事，就是在做有意义的人。”4 年大学生活，总共 1460 天，在人生的长河里，只是短暂的一瞬间，但这却是你一生中“灵魂发育、生命成熟”的季节，是为你能“诗意地栖居在大地上”打基础的阶段，珍惜啊，我亲爱的同学们!

延伸阅读

1. 怀德海著:《教育的目的》

2. 曾参著:《大学》

3. 爱因斯坦著:《爱因斯坦文集第三卷 · 我的世界观》

思考题

1. 用 300—500 字，谈谈你听完这一讲后的感想。

2. 你将怎样规划自己的大学四年生活?

3. 你对大学生“精神成人”有什么感想，还有什么建议?

4. 请你对苏格拉底的名言“未经审察的人生是不值得过的”这句话，谈一下自己的解读。

扫一扫

扫一扫

精彩链接

浙江海洋大学赋

尝闻学海无涯，喻其大也。吞日月，网星辰，淹崇岳，浮巨浸。[1]虚怀若谷，谦卑成渊。海无际涯，亦学无际涯也。

田田风荷半千[2]，巍巍群岛第一。浙江海洋大学，星落东海一隅。四大领海，居中枢之利而着先鞭[3]；万顷碧波，因海洋之大而有大学。虹贯日曜，学科究天人之际；月明沧海，专业兼中西之长。六十年华诞将至，一千亩黉宇[4]新成。珠宫贝阙，三神山[5]传说未远；琼树樱花，九万里风鹏正举[6]。

菁菁者莪，济济多士。[7]持九州之生气[8]，聚八方之英才。后生可畏，垂任公子之钓[9]；游刃有余，解文惠君之牛[10]。放飞青春信鸽，张扬怒放生命。攻玉他山之石[11]，增辉明日之星。津梁天下商贸，因特网展扶摇天翼；引领时代潮流，云计算抟击水风帆。[12]千岛纵横如枰，博弈智慧；百变鱼龙成文[13]，谱写传奇。天之降大任于斯人[14]，海正赐良机予中华。百年奋斗，多难兴邦；万里海疆，警钟长鸣。

天行健，地势坤。[15]海纳百川，自强不息。夫海至大也，学至深也，大学之道，育才是务。昔柳永煮海[16]，苍水[17]横舟，缪燧[18]沉潜，二黄[19]渊博，千年文昌，一脉相承。且浙江乾龙之邦[20]，神禹之畿，南针北指，知寰海之可航；春捕冬捞，识潮汛之有期。河姆渡[21]栖日月金乌，舟山港通丝绸之路。龙舞长三角，风动太平洋。五桥飞架，瞻海洋旅游之马首[22]；三江交汇，执江海联运之牛耳[23]。正大展宏图之地，大有作为之时。千载一遇，中国梦有你我他；一带一路，世界潮壮天地人。天苍苍兮，载地球而星球；海茫茫兮，浮海港而空港。猎海敢为天下先，飞天岂落他人后？重任在肩，舍我其谁？长缨在手，非君莫属。莘莘学子，其勉乎哉！赞曰：

泱泱东海，亭亭千岛，有位佳人，在水一方。[24]

方　牧　撰文

扫一扫

注释

[1] 崇岳：高山。巨浸：大海。

[2] 郭沫若诗："舟山群岛半千荷。"

[3] 中枢：中心枢纽。先鞭：领先。《晋书·刘琨》："常恐祖生先吾着鞭。"

[4] 黉宇：校舍。

[5] 三神山：古代传说东海中有蓬莱、方丈、瀛洲三神山。

[6]《庄子·逍遥游》："鹏之徙于南冥也……抟扶摇而上者九万里。"

[7]《诗经·小雅》："菁菁者莪，乐育才也。"《诗经·大雅》："济济多士，文王以宁。"

[8] 龚自珍诗："九州生气恃风雷。"

[9]《庄子·外物》："任公子为大钩巨缁，五十犗以为饵，蹲乎会稽，投竿东海，旦旦而钓，期年不得鱼。"

[10]《庄子·养生主》："庖丁为文惠君解牛……恢恢乎其于游刃必有余地矣。"表示技艺精湛。

[11]《诗经·小雅》："他山之石，可以攻玉。"喻切磋借鉴。

[12] 因特网、云计算：当代信息科技。

[13] 张若虚《春江花月夜》："鱼龙潜跃水成文。"

[14]《孟子》："故天将降大任于是人也……"

[15]《周易》："天行健，君子以自强不息；地势坤，君子以厚德载物。"

[16] 柳永：北宋词人，曾任昌国县（今浙江定海）晓峰盐场盐官，作《煮海歌》。

[17] 苍水：张煌言，号苍水，明末在舟山坚持抗清十九年，被誉为"海上苏武"。

[18] 缪燧：清康熙年间任定海知县二十一年，有德政。

[19] 二黄：黄式三、黄以周父子，定海紫微乡人，晚清学术大师。

[20] 乾龙之邦：乾之象为天。《周易》乾卦为龙。

[21] 河姆渡：在浙江余姚，为中国新石器时代遗址。日月金乌是遗址壁画。

[22] 马首是瞻：语出《左传》。表示服从指挥或乐于追随。

[23] 执牛耳：古代诸侯歃血为盟，割牛耳取血，由主盟者执盘。

[24]《诗经·秦风》："有位佳人，在水一方。"

生活的理想就是为了理想的生活。

——张闻天

第二讲　理想——让人生插上翅膀

自1840年以来，有着数千年文明史的中国，遇到了“三千年未有之大变局”。从统一的大国到半殖民地半封建社会，从落后挨打到完完全全站起来——中国从一个“一穷二白”的时代来到了繁荣昌盛的新时代，其间有多少故事，又有多少志士仁人的奋斗。这不屈不挠的奋斗史，贯穿始终的，就是一个民族、一个国家的强国梦。

当下中国正在为实现中华民族的伟大复兴而奋斗，但我们也必须看到，社会上正不同程度地存在物欲过盛、人心浮躁的问题。因此，我们必须说：理想无论是对一个民族，还是对个体自身来说，都具有重大的意义。爱因斯坦在他获得诺贝尔物理学奖的答谢辞中讲道：“我完全不相信人类有在哲学意义上的自由，每个人的行为不仅受到外界的强迫，而且要适应内心的必然。要追究一个自己或一切生物存在的意义或目的，从客观的观点看来，我总觉得是愚蠢可笑的。可是每个人都有理想，他的理想决定着他的努力和判断方向。就在这个意义上，我从来不把安逸和享乐看作生活目的本身——这种伦理基础我把它叫作猪栏的理想。照亮我的道路，并且不断给我新的勇气去愉快地证实生活的理想是善、美和真，要是没有志同道合者之间的亲切感情，要不是全神贯注于客观世界——那个在艺术和科学领域里永远达不到的对象，那么在我看来，生活就是空虚的，换句话说，有权有势没有任何价值。人们所努力追求的庸俗的目标、财产、虚荣、奢侈的生活，我总觉得是可鄙的。”这段话，曾经使我热血沸腾，这就是一位为我们这个世界做出杰出贡献的伟大的物理学家的理想和世界观。也许，正因为他有如此崇高的理想和格局，他才达到了物理学上至今还无人超越的高度。那么，我们为什么要对理想及其对人生的意义产生怀疑呢?

一、理想的含义及其意义

通俗地说，所谓“理想”，就是人对未来事物的一种理性想象或希望。想象产生于头脑但尚未变为现实的景象，而理想则是以现实为依据，在未来的某一天有可能变为现实的美好图景，也即奋斗的目标。今天在座的同学们和我，都称为人，但同学们有没有想过这样一个问题：“什么是人？”这个问题，也许有很多回答，往往是这样，越是基本的问题，答案就越多，就像“什么是美”，也会有无数条解答。人作为万物之灵，重要的体现之一便是我们拥有丰富的想象力，人类文明的进步正是一幅幅闪现于大脑中的图景通过创造性的实现和创新性的转化，成为一个个现实的过程。早期的人类向往如鸟般在天空翱翔，于是他们开始不断地探索和试验，在科技水平落后的情况下，许多试验都失败了，但翱翔于天空的理想并没有就此破灭，一代代人还在继续为这一理想而奋斗着。终于，莱特兄弟用带有发动机的飞机成功地使人类的飞翔梦变成了现实。

对于社会中的每一个个体来说，理想究竟有着怎样的意义呢？人的一生如果没有理想，会是怎样的境况呢？没有理想的人生，会陷入每日无意识的虚无空洞中，即使内心有想法和向往，也不会付诸实践。“人就是生活在未来、行动在当下的动物”，这句话应如何理解呢？其实同学们都已经有过这方面的经历，只是你未曾认真地想过。比如，当你读初中时，你就向往着读一所你们当地的好高中，但当时你并没有进入高中学习；当你读高中时，你就向往着考一所理想的大学，但当时你并没有进入大学学习。这难道不是生活在未来吗？但是未来不是达不到的梦，实现它需要行动，只有你在初中认真地学习，才可能进入好的高中，只有在高中认真地学习，才可能考入理想的大学，这就是行动在当下。这就是说，我们人的思想能穿越时空，去想象未来，去追求希望。这就是我们人与其他动物的最大区别！人的实践活动是有意识的，正如马克思所认为的：蜘蛛的活动与织工的活动相似，蜜蜂建筑蜂房的本领使人间的许多建筑师感到惭愧，但是，最蹩脚的建筑师从一开始就比最灵巧的蜜蜂高明的地方，是他在用“蜂蜡”建筑“蜂房”以前，已经在自己的头脑中把它建成了。人能够对自己的存在和活动的内容、方式有所“观”，并且根据一定的“观”做出选择、采取行动。今天，你已进入大学学习，不管你所在的大学理想与否，你能对你四年后的生活仍然展开想象的翅膀吗？你能不能重新找到支撑你在大学学习的希望呢？

心怀理想并为之奋斗的人才能展现出生命存在的真正价值，实现人生的意义和使命。

大家在中学里都读过这样的诗句："砍头不要紧，只要主义真。杀了夏明翰，还有后来人。"这就是共产党人为了自己的理想和信仰的实现，所表达的一种坚定的信念。夏明翰烈士出生于湖南的一个望族，为了推翻压在中国人民头上的"三座大山"，他与封建家庭彻底决裂，毅然加入了中国共产党，参加了革命。他不幸被捕，为了自己的信仰，为了共产党人的理想，他写下了这首诗，而后英勇就义。他的弟弟夏明震烈士，接过哥哥的遗愿，继续革命，后来在福建厦门被叛徒出卖，同样慷慨就义，视死如归。中国共产党正是因为有了这样一批怀揣理想，并为之不懈奋斗的志士，才能从无到有，经过二十八年的浴血奋斗，建立了中华人民共和国，实现了人民当家做主的理想。

同样，中华人民共和国刚刚成立时，积贫积弱、一穷二白，于是有了"铁人"王进喜，使大庆油田在今天依然是一面奋进者的旗帜；有了为祖国默默奉献自己的聪明才智的以邓稼先、钱学森为代表的一大批科学家，才有了"两弹一星"，才有了国家的强大、民族的富强，才有了我们今天的幸福生活。

作为当代大学生，在大学里学习，一定要"志存高远"、勤奋刻苦。大家可以阅读我们浙江海洋大学的校友专辑《弄潮儿》，那些在社会上颇有成就的人，无一不是在大学里有抱负，并能脚踏实地学习工作的学生。他们当中有学习成绩好的，也有参加学校社会工作积极的。这些同学有一个共同的特点：心中有理想，行动有计划，脚下有力量，都能积极发挥自己的主观能动性。事实上，无论是认真学习，还是积极地参与社会工作，都是对自己能力的一种培养。因为人的能力一定来自人的实践。当然，老师也碰到过这样的学生：入学时，他的考分并不低，但进入大学后，他丧失了学习的动力，每天怨天尤人，总觉得学校有太多不尽如人意的地方，最后一无所获，有的同学甚至因为跟不上学习进度，只能退学。究其原因，就是在大学里失去了理想。

同学们，你们都还年轻，又赶上了一个黄金时代，你们学习、工作的很长一段时光，正是中华民族努力奋斗、实现中国梦的时光。所以，你们的工作一定会融入历史。党的十九大报告向全世界宣示：中国共产党是为中国人民谋幸福的政党，也是为人类进步事业而奋斗的政党。中国共产党始终把为人类做出新的更大的贡献作为自己的使命。人类命运共同体即彰显了中国在新时代践行“中国应当对于人类有较大的贡献”的承诺，彰显了中国共产党的初心和担当。

同学们，我们正处于一个伟大的时代，伟大的时代需要伟大的梦想。已经走到世界舞台中心的中国正在创造人间奇迹，而且这种奇迹已经超越了历史上的英国奇迹、美国奇迹、日本奇迹、“亚洲四小龙”奇迹。中国社会主义现代化的历史，实际上就是不断创造“人间奇迹”的历史。当前，我们已经开启了大众创业、万众创新的时代，其结果就是进入创富时代，包括创造经济财富、文化财富、教育财富、知识财富、生态财富等。因此，中国进入了为世界做出巨大贡献的时代。作为出生在21世纪的青年大学生，第一，大家正处在黄金时代，即中国崛起的大时代；第二，大家正处在黄金年龄；第三，大家正进行着黄金般的人力资本投资。试问，大家能不能做出黄金般的贡献？也就是说，到几十年后，能为中国乃至世界做出什么样的贡献？希望大家能够在2030年给自己一个初步回答，到2040年给出一个肯定回答，到2050年给出一个更加自信的回答。真正实现年轻时期无悔，中年时期无悔，老年时期无悔，最后一生无悔！因此，你们一定要树立自己的理想和信念，不忘初心。因为，理想和信念始终是一个人在社会上安身立命的根本，是一个人经受生活考验的精神支柱。形象地说，理想信念就是一个人精神上的“钙”，没有理想信念，或者理想信念不坚定，精神上就会“缺钙”，就会得“软骨病”，人生就会迷失方向。因此，我们完全有理由说：“志不立，天下无可成之事。”“理想因其远大而为理想，信念因其执着而为信念。”

理想，能让你的人生插上翅膀！所以，我们要志存高远，要为实现自己的理想设定任务书、时间表和路线图，擘画自己的美好人生。

二、确立自己的理想必须考虑的因素

一个人确立自己的理想，除了要给自己一个精神动力以外，最重要的还是要考虑如何实现它。因此，在确定自己理想的时候，一定要考虑如何通过切实的行动实现它。

理想的实现，有很多主客观因素。人们都向往美好的未来，但有的人成功了，有的人可能达不到预期目标，这是为什么？事实上，理想的实现是有条件的，我们每个人都渴望自我实现，渴望成功，但是很多人并不明白，人的自我实现有三个原则。首先问自己三个问题：一是你的兴趣爱好在哪里？二是你的能力类型是什么？三是你的知识积累在哪个领域？这是第一点，也就是西方谚语所说的“认识你自己”。人不仅是个体的人，还是社会的人，人要自我实现是不可能脱离社会环境的，这个社会环境包括你的家庭、你的学校及你以往所接受的教育，更广义地说包括你所处的地域。因为你只有适应了社会，然后才谈得上自我实现、自我发展，才有可能改造社会，这是第二点，此所谓“适者生存”。我们还应该认识你所处的时代，因为不同的时代，对个体的要求是不一样的，人才的成长就像钢铁的锻打。钢铁是怎样炼成的？就是必须要经历过艰难困苦的环境，才能培养出真正的人才，如果光靠大学里的简单培养，缺乏社会的历练，是不行的。因此，你的自我实现的目标要符合时代的要求，这是第三点，也就是人们常说的“识时务者为俊杰”。

第一，认识你自己。同学们都已经上到大学了，在以往的成长过程中，你有没有对自己的真正兴趣爱好、自己所具备的能力特长和知识积累做过一番自我审视呢？用哲学的语言表达就是：“你是否经常问自己这样一些问题：我是谁？我从哪里来？我要往哪里去？”大家以往的任务主要是学习，在十二年基础教育的学习生活中，在学习方面，你也许有成功，也许有失败，当你失败时，也许会受到打击。比如，你数学没有学好，有的人甚至会说，这个学生没有“数学细胞”；有的同学动手能力比较弱，做一个手工艺品总是做不好，会感到很沮丧。其实，这些都不妨碍你自我实现，关键是你要能正确地认识你自己，你要相信“天生我材必有用”！诺贝尔物理学奖获得者杨振宁先生刚到美国学习时，原本打算学习实验物理，但每次做实验，实验结果都很不理想。有一个笑话说：实验室哪里有爆炸声，哪里一定有杨振宁。后来杨振宁先生改学理论物理，发挥了他的数学优势，最后与李政道一起在理论物理方面获得了诺贝尔奖。

美国心理学家霍华德·加德纳通过对很多成功人士的研究，提出了“多元智能理论”，他把人的智能区分为八种智能，认为一个人只要在某一方面有突出的贡献，他就能取得成功，这对我们正确认识自己的兴趣、爱好、能力、类型是有启发意义的。我们可以在确定自己的理想目标时用这个理论进行参考。霍华德·加德纳的“多元智能理论”包含以下几方面的内容。

语言智能：是指通过语言思考、用语言表达和欣赏语言深层内涵的能力。作家、诗人、记者、演说家、新闻播音员通常都拥有高度的语言智能。

逻辑－数学智能：是指人能够计算、量化、思考命题和假设，并进行复杂数学运算的能力。科学家、数学家、会计师、工程师和电脑程序设计师都显示出其拥有很强的逻辑－数学智能。

空间智能：是指人们利用建构三维空间的方式来思考的能力。如航海家、飞行员、雕塑家、画家和建筑师所表现的能力。

身体－运动智能：是指人能巧妙地操纵物体和调整身体的技能。运动员、舞蹈家、外科医生和手艺人都是这方面的例证。

音乐智能：是指人敏锐地感知音调、旋律、节奏和音色等的能力。具有这方面高超智能的人包括作曲家、指挥家、乐师、音乐评论家、乐器制造者和善于领悟音乐的听众。

人际关系智能：是指能够有效地理解别人和与人交往的能力。成功的教师、社会工作者、演员或政治家就是最好的例证。

自我认识智能：是指建构正确自我知觉的能力，并善于用这种知识去计划和导引自己的人生。神学家、心理学家和哲学家就是拥有高度的自我认识智能的典型例证。

自然观察者智能：是指观察自然界中的各种形态，对物体进行辨认和分类，洞悉自然和人造系统的能力。学有专长的自然观察者包括农夫、植物学家、猎人、生态学家和庭院设计师。

加德纳的“多元智能理论”更为准确地描绘了人类能力的面貌。相对于诸多只能在狭小范围内测量人类能力的标准化智力测验，他的理论为理解人类的本质提供了更为广大的空间。他还指出每种智能都包含有次级智能。当然，作为一个具体的人，不单单只具备一种智能，可能兼而有之，只是某一两个方面比较突出，其他方面比较一般，但如果你在某一方面不突出，那一定不是你人生的努力方向。所以，同学们在制订自己的理想目标、人生规划时，要先对自己各方面的能力做一番审视，找到最好的自己！

第二，认识你所处的环境。一个人的成长离不开环境的因素。人不仅是一个自然的人，还是社会的一分子。用马克思的话说：“人的本质不是单个人所固有的抽象物，在其现实性上，它是一切社会关系的总和。”环境因素包括你的家庭、你的社会关系、你过去所接受的教育和你现在所处的学校。这些因素也会影响你的理想的实现。对此，你要做一个客观的分析，但是你也不能被环境因素所困，人的主观能动性有时候是能改变环境的，心中的理想之灯不能熄灭，一旦有机会就要重新开始奋发。

海伦·凯勒在她的《假如给我三天光明》中描述自己特别重要的心灵体验，也是对所有人真实的劝告。她说：“我想知道为什么有些人在森林里面走一个小时却什么也没有看到。我一个看不见任何东西的盲人却看见了无数的事情。我看到了一片叶子上对称的美感，我看到了银杏树表面那种光滑的触感，我看到了树枝上那种粗糙的凹凸不平……我作为一个看不见的盲人可以给那些能够看见的人一个启示：去善用你的眼睛就像你明天将会失明一样；去聆听美好的天籁、悦耳的鸟鸣、奔腾的交响曲，就像明天将会失聪一样；去用心抚摸每一个物件就像明天将会失去触觉一样；去闻花香，去品尝每一口饭菜，就像明天你将永远无法闻到香味和品尝味道一样。”我们一定要用心去体悟生活中的真善美，培养自己用心感受的能力，感受有意义、有价值的东西。我讲这个例子，是想告诉大家，人要有理想，但理想的实现要结合自身的条件和环境的因素。理想是希望之灯，照亮人生前行的方向。漫漫人生路上，我们需要有希望所带来的光明，这光明照亮着我们人生的奋斗路。所谓的奋斗之路，就是通过不断设置美好愿景，修炼个性，提升素质，发展能力，完善自己，从而将心中的一张张蓝图变为现实的风景。

扫一扫

正如歌曲《追梦之路》所演绎的：

江河是向海的路

每个浪花都向往速度

阻拦的礁石正好变礼物

让脚步更无拘无束

命运该不该重复

挑战能不能改变

希望满胸间闪耀着尊严
心中不再彷徨不安
每一步都是追逐
我将穿越那岁月肺腑
翅膀在天空要龙飞凤舞
许下的诺言句句算数
每一步都是领悟
只在沉默中体会甘苦
每次迈出都是生命跨度
所有的梦都大展宏图

江河是向海的路
每个浪花都向往速度
阻拦的礁石正好变礼物
让脚步更无拘无束
探索是梦的地图
千万风景都需要征服
沿途的种子慢慢地成熟
等待是收获的艺术
每一步都是追逐
自己的高峰自己建筑
翅膀在天空要龙飞凤舞
许下的诺言句句算数
每一步都是领悟

成败的旅途积累丰富
生命爆发出无穷的力度
去推开未来的窗户

每一步都是追逐
自己的高峰自己建筑
翅膀在天空要龙飞凤舞
许下的诺言句句算数
每一步都是领悟
成败的旅途积累丰富
生命爆发出无穷的力度
去推开未来的窗户

今天，你们步入大学学习，大学毕业后，你在实现理想时，一定要考虑环境，包括你现在所处的学校、你现在所学的专业，为你理想的实现可以提供什么样的条件，如果你无法选择，有困惑，那就请教你的老师，也许老师的阅历、知识会给你新的启迪。哲学家苏格拉底曾说过，世界上最快乐的事，莫过于为理想而奋斗。习近平总书记说，奋斗本身就是一种幸福，只有奋斗的人生才称得上幸福的人生。人类的幸福还有一个特别重要的因素，就是对人性的欣赏、满足和认识。“行到水穷处，坐看云起时。”著名心理学家米哈里·契克森米哈赖曾经提出，人类如果能够找到有意义的快乐，生活质量就会提升，人生的价值就会实现。他用“Flow”来表达这种有意义的快乐体验，我们把它译成“福流”，其具有五个特征，即全神贯注、物我两忘、驾轻就熟、点滴入心和酣畅淋漓。

第三，认识你所处的时代。每一个不同的时代，对人才的需要是不一样的。在人类漫长的历史长河中涌现了无数的英雄人物。他们与时代同呼吸共命运，推动着时代的发展。如我国历史上的战乱时期，有秦始皇统一六国，开启了大一统的国家格局。

但绝大多数时候还是时势造英雄。比如在中国共产党的领导下：革命战争年代，我们需要电视剧《亮剑》里的李云龙，能征善战，克敌制胜，铸就了亮剑精神；我们也需要电视剧《潜伏》里像余则成这样充满智慧，在敌人的心脏里从事惊心动魄的地下工作，为革命的胜利大智大勇地工作的人。和平建设年代，我们需要像王进喜这样的石油工人，“哪里有石油哪里就是我的家”，为祖国建设拼命工作；我们更需要为了国家安全、国防强大而隐姓埋名，默默贡献自己聪明才智的科学家，他们舍家为国，祖国的需要就是他们的事业。是时代造就了这些英雄人物。

这些英雄人物有的已离我们远去，但他们的精神却与世长存，特别是他们顺应时代的要求，做应该做的事，从而也成就了自己，这种精神对我们每一名大学生确定自己的理想、选择自己的人生目标是富有启迪意义的。

有鉴于此，当同学们在确定自己理想的时候应考虑现在所处的时代。从世界的大格局而言，当下已进入信息化时代，或者说知识经济时代，以互联网为代表的信息化时代。知识正在创造财富，如淘宝网正是运用了互联网的优势，使贸易变得便捷、快速。那么，这样一个时代的人需要什么样的品质呢？当21世纪即将来临的时候，联合国教科文组织曾经出过一份题为《教育——财富蕴藏其中》的报告，报告认为，作为现代人必须“学会认知，学会做事，学会共同生活，学会生存”。也就是说，作为现代人，要学会学习，而且要终身学习；学会做事，也就是主动提高投身社会工作的能力；学会共同生活就是学会与他人一起生活和工作，即提升合作精神；学会生存，就是更充分地发展自己的人格，并以不断增长的自主性、判断能力和个人责任感来行动。从我们国家的发展而言，我国正在实现中华民族伟大复兴的历程中，到 2049 年，中华人民共和国成立 100 周年时，我国将建设成为富强、民主、文明、和谐、美丽的社会主义现代化国家。因此，我要说，当代大学生正赶上了一个好时代，而这个时代需要我们具有创新、创业精神，需要我们具有终身学习的劲头，需要我们将来走向社会时具备“四个学会”。

2017 年习近平总书记在党的十九大报告中指出：中国特色社会主义进入新时代，意味着近代以来久经磨难的中华民族迎来了从站起来、富起来到强起来的伟大飞跃，迎来了实现中华民族伟大复兴的光明前景；意味着科学社会主义在 21 世纪的中国焕发出强大生机活力，在世界上高高举起了中国特色社会主义伟大旗帜；意味着中国特色社会主义道路、理论、制度、文化不断发展，拓展了发展中国家走向现代化的途径，给世界上那些既希望加快发展又希望保持自身独立性的国家和民族提供了全新选择，为解决人类问题贡献了中国智慧和中国方案。这个新时代，是承前启后、继往开来、在新的历史条件下继续夺取中国特色社会主义伟大胜利的时代，是决胜全面建成小康社会、进而全面建设社会主义现代化强国的时代，是全国各族人民团结奋斗、不断创造美好生活、逐步实现全体人民共同富裕的时代，是全体中华儿女勠力同心、奋力实现中华民族伟大复兴中国梦的时代，是我国不断为人类做出更大贡献的时代。

时间之河川流不息，每一代青年都要面对和回答时代的问卷。我们所处的新时代，是中国特色社会主义新时代，也是大学生成长成才、成就事业、不容辜负的好时代。当代大学生应珍惜历史机遇，胸怀实现中华民族伟大复兴的中国梦，肩负接续奋斗的光荣使命，坚定理想，增强本领，勇于担当，提升思想道德素质和法治素养，立志为新时代贡献自己的青春和力量。我们每一位大学生在确定自己理想的时候，必须充分考虑自身的条件、环境及所处的时代，从而让自己的大脑成为一颗“有准备的大脑”。

三、实现理想的道路必须靠实践和坚持

一个人的理想有大小之分和远近之分。大的理想产生大的动力，小的理想产生小的动力；近期的理想影响近期的行动，远大的理想需要长期的坚持；终生的理想需要一生的努力，这个理想也就成了你一生的信仰。那是一盏照亮你一生道路的明灯，仿佛让你插上了翅膀，自由翱翔在人生的天空中。一个人的理想一旦确定，接下来最重要的就是实践和坚持。没有行动的理想只是空想，没有坚持的行动，同样到达不了理想的彼岸。

十七岁的青年马克思曾在《青年在选择职业时的考虑》中写过，一个选择了自己所珍视的职业的人，一想到他可能不称职时就会战战兢兢——这种人单是因为他在社会上所居地位是高尚的，他也就会使自己的行为保持高尚。在选择职业时，我们应该遵循的主要原则是人类的幸福和我们自身的完美。不应认为，这两种利益是敌对的、互相冲突的，一种利益是必须消灭另一种的。人类的天性本身就是这样的。

人们只有为同时代人的完美、为他们的幸福而工作，才能使自己也过得完美。如果一个人只为自己劳动，他也许能够成为著名的学者、大哲人、卓越诗人，然而他永远不能成为完美无瑕的伟大人物。历史承认那些为共同目标劳动因而自己变得高尚的人是伟大人物，经验赞美那些为大多数人带来幸福的人是最幸福的人。如果我们选择了最能为人类幸福而劳动的职业，那么，重担就不能把我们压倒，因为这是为人类而献身。那时，我们所感到的就不是可怜的、有限的、自私的乐趣，我们的幸福将属于千百万人。我们的事业是默默的，但她将永恒地存在，并发挥作用。面对我们的骨灰，高尚的人们将洒下热泪。

那时，资本主义还处在鼎盛期，但马克思拿起思想的批判武器，开始分析资本主义摧残人性的罪恶一面，资本家对工人剥削的奥秘就是“剩余价值学说”，他写下了鸿篇巨制《资本论》，解剖了资本主义制度得以运行的内在原因。可惜天不假年，马克思没有完成《资本论》全部稿件的整理出版，但《资本论》在20世纪仍然被评为影响世界历史进程的16本书之一。

作为当代大学生，在树立崇高理想时必须与祖国实现同频共振，在为实现理想不断努力的进程中，需要处理好战术问题。

第一，坚持，积小胜为大胜。大的理想和目标总是由很多个小目标组成的。在实现理想的道路上，你不能靠运气，只有靠自己的努力。如果在座的同学，决定在大学毕业前考研究生，那么就应该了解，不管你考什么专业的研究生，外语和思想政治理论在考中国高校研究生时是必考科目，而且必须达到国家统一划定的分数线；如果你考理、工、农、医类的研究生，高等数学也是必考科目。因此，一旦确定考研究生这一目标，你就应该在大一、大二年级学习时，把外语、思想政治理论、高等数学学好，打下扎实的基础，而且要争取比其他同学学得好。在大二、大三年级时，准备好专业课的学习，而后，经过复习、备考，才能顺利地考上研究生。曾经担任英国航空部部长的比佛·布鲁克说："我常警告追求成功的人，不要依赖运气，没有任何想法比依赖运气更愚蠢，更不切实际。这个世界依循因果关系在运作，运气可说是不存在的。有时你以为某人成功得很侥幸，但他为成功付出的代价岂是你能体会的？"实现理想的过程可能充满艰辛，但它凝聚了你创造的价值和你的意志品质，从而能使你获得成就感，这种成就感给身心带来的快乐是持久的、丰富的。理想是一个远大的目标，然而，道虽远，不行不至。远大目标正是通过一个个小目标的完成而最终实现的。正像托尔斯泰说的，我们要有一天的目标，要有一周的目标，要有一月的目标，要有一年的目标。我们只有在设立和完成一个个具体目标的活动中，才能享受到来自生命的最真实和最有价值的快乐源泉。这就是我国古人所说的"天道酬勤"。

第二，校正。根据不断变化的情况做出适当的改变。每一个人在确定自己的理想时，很可能由于对未来的变化判断不够，或者由于对自己的能力认识不到位，会感到前途渺茫。这时候你就需要做一番冷静的思考，反复问自己，是自身的努力不够，还是环境、形势的变化使自己理想的实现受阻？只有找到真正的原因，才能明确前进的方向。对于理想实现的路径和成果，要有顺势而为的态度。因为人生充满着未知和不确定，宇宙间唯一不变的真理就是变化，每一个当下都蕴含着无数的可能性。理想是关于未来的理性的想象，实现它的过程会历经无数的变化，因此，当我们向理想目标前进时，要以灵活的姿态、正确的判断，适时地总结，不断校正和调整实现的路径，也就是要循序渐进地检查自己的任务书、时间表和路线图是否达到一致，检验一下理想的效度和信度，当然，也要以开阔的视野信步于现实的舞台上，接纳最后的结果，尽情享受奋斗的过程，体现理想的理性之美。

就像我前面举过的例子，杨振宁先生刚到美国时，原打算学习实验物理，但后来发现，实验物理不是他的特长，于是调整自己的学习方向，改学理论物理，最后与李政道先生一起获得了诺贝尔物理学奖，成了著名的物理学家之一。由于客观环境的变化，有些人原先的奋斗目标缺乏了必要的客观条件，这时候就不得不改变自身的目标。我国著名的数学家华罗庚先生，在数论研究上取得了很高的成就，正在他向数学的更高峰攀登时，我们国家发生了“文化大革命”。面对环境的转变，华罗庚先生将他的数学知识，投向了工农业生产，开始研究解决工农业生产中的检测问题，提出了著名的“优选法”理论，解决了很多生产一线的实际问题，让大家看到了数学在实际生活中的价值，同时也为国家做出了突出的贡献。

因此，在实现理想的道路上，通过冷静的思考，找出问题的原因，做出适当的校正，同样是必需的。

第三，面对挫折，理想之灯永不熄灭。

当然，人生的道路很长，在实现理想的过程中，我们还应有这样的心理准备，也许你的理想之路并不顺畅，也许你还会受到他人的嘲笑。但理想是勇气之杖，扶助着每个人攀登人生的阶梯。现实中往往会有障碍和诱惑，前人就总结过“人生不如意十之八九”“好事多磨”等，但同样也总结过“只要功夫深，铁杵磨成针”“办法总比困难多”等名言警句。当我们有了坚定的人生理想时，内心就会有充沛的勇气去跨越一面面现实的高墙，继而以更加自主的姿态行走在人生的旅途中。如我国伟大的军事家韩信，曾经受过“胯下之辱”，但仍然怀揣抱负，成就了一番伟业。事实上，理想越是远大，实现的难度就越大，越需要你有面对挫折的勇气，诚如孟子所言：“天将降大任于是人也，必先苦其心志，劳其筋骨，饿其体肤，空乏其身……”而只有你克服了这些挫折，才能迎来实现理想道路上的柳暗花明。

同学们正处在风华正茂的年轻时代，在人生的道路上，吃苦、受累、遇到挫折可能是在所难免的。相反，吃苦、受累、遇到挫折正是锤炼你意志的最好武器。正如巴尔扎克所说：“苦难是人生最好的老师。”因此，不管何时何地，心中的理想之灯都不能熄灭，只有这样，你才可能成为一个大写的人！

延伸阅读

1. 丁夫编著：《一生的规划》

2. 东生著：《天地颂——“两弹一星”内幕》

3. 金一南著：《苦难辉煌》

4. 奥里森·S. 马登著：《唤醒心中的巨人》

思考题

1. 你能告诉我，在以往的人生道路上，你曾经有过成功或失败的经历吗？你是怎样面对的？

2. 你以前读过哪几本关于励志的书，能向老师推荐一下吗？

3. 听了这一讲，你准备在大学这一阶段，确立什么样的理想？能跟老师说说吗？

扫一扫

青年一代有理想、有本领、有担当，国家就有前途，民族就有希望。

——习近平

第三讲　责任——让人生变得精彩

我们的祖国是个有着数千年文明史的国家，而且文明从未间断过，这在全世界都是唯一的。在长达数千年的文明史中，涌现了一个特殊的阶层——士，用现在的话来说，就是知识分子。我们今天的大学生应该相当于中国历史上的士大夫。那么，为什么士大夫对一个国家的历史来说，如此重要呢？因为称得上士大夫的，一定是有知识的人，而且更重要的是士大夫们能对民族和国家有所担当，也就是对国家和民族讲诚信、有责任感。用我国宋朝大儒张载的话说，真正的士大夫应该“为天地立心，为生民立命，为往圣继绝学，为万世开太平”。如果想真正成为一个有担当的士大夫，那就需要“格物、致知、诚意、正心”。“格物”的一种解释是放下。物是欲望，格物指放下欲望；格又可指格斗，同自己的内心斗，同自己的欲望斗，放下贪嗔痴慢疑等杂念，放下五欲六尘财色名食睡，清净心生智慧，所以格物而后知至，慧现前，意就诚，心就正。这也是传统文化中所倡导的内修于心。其目的就是“修身、齐家、治国、平天下”。《礼记·大学》有云：“欲明明德于天下者，先治其国；欲治其国者，先齐其家；欲齐其家者，先修其身；欲修其身者，先正其心；欲正其心者，先诚其意；欲诚其意者，先致其知。致知在格物。物格而后知至，知至而后意诚，意诚而后心正，心正而后身修，身修而后家齐，家齐而后国治，国治而后天下平。”这也是传统文化所倡导的外化于行。只有实现内修于心、外化于行，才能达到知行合一的境界。

当代大学生作为知识分子，应该对我们的国家和民族有所担当、有所贡献，为实现中华民族的伟大复兴，肩负起历史的责任。目前在我们的社会中，有些人唯利是图，不讲诚信，怕担责任，缺乏社会公德，作为接受过良好高等教育的大学生，我们应该为改变这种状况而做出努力，真正践行社会主义核心价值观。为此，我们首先应从讲诚信开始，培养自己的社会责任感。

我们说，诚信是做人的基本底线，也是现代社会良性运行的基本保障。只有内诚于心，才能外信于人。诚信是如实表现内心的自愿行为，同时也需要家庭、学校和社会的共同熏陶。社会主义核心价值观中对个体的要求是“爱国、敬业、诚信、友善”这八个字，其中就包括“诚信”二字。一个人讲诚信是有社会责任感、敢于担当的前提。敢于担当，是一个大学生具有社会责任感的体现。习近平总书记在党的十九大报告中对青年一代寄予了殷切的期望，提出了希望当代青年成为有理想、有本领、有担当的时代新人。

责任心，从大处讲是将自我的发展与社会进步和国家、民族的发展联系在一起，是一种爱国精神；从小处讲是一种意志坚韧而富有爱心的精神。如果一个人总是遇事推诿，逃避责任，那么与此同时，他就可能错过了成就事业的机会，担当和成功是相伴相随的，有担当是大学生离开校门走向社会后有所建树的基本素质。

一、责任的含义及其意义

责任的第一层含义——分内应做的事，应尽的责任。英文中的责任和义务是同一个单词，也表达了这层含义。责任的第二层含义——没有做好分内应做的事而应当承担的过失、必须追究的责任。有时候我们对一个人做工作的态度，常常用“责任感”这个词描述，所谓一个人有责任感，是指这个人具有“自觉地把分内的事做好的意识”。责任感有时候也说成责任心，其实都是一个意思。那么，责任感或责任心，对一个社会或者一个个体有什么意义呢？那就必须从人为什么要承担责任说起。

众所周知，当人类从原始森林里走出来时，人类的文明就开始了。一开始，人作为地球上的物种之一，与其他物种并没有什么不一样。但人为了生存，必须抵御自然灾害的毁灭性打击，与猛兽的攻击进行搏斗，单独的个体就聚集在了一起，通过共同的劳动获得了生存的能力，于是人逐渐成了群居动物，原始的氏族社会诞生了。人逐渐形成了社会性，氏族社会的每一个成员为了生存、繁衍、发展就必须承担起共同的责任，这就是人的责任的起源。没有责任心，人就无法生存下来，更谈不上发展。

随着人类社会的演进，人类要向自然界获取更多的食物及御寒的物品，于是人与人之间的分工就出现了：你生产食物，我生产衣服，而后通过交换来共同获得利益。可以说，分工是人类社会的一个巨大的进步，分工带来了物质产品的增多，带来了社会的发展。马克思在《资本论》里举了这样一个例子：一个皮鞋匠每天能生产两双皮鞋；两个皮鞋匠，通过分工和合作，一个做皮鞋面，一个做皮鞋底，每天能生产五双皮鞋。其中的一双皮鞋就是分工所带来的生产效率提升的结果。现代社会的分工越来越细，因此社会上的行业也越来越多，生产效率也越来越高，创造的财富也越来越多，这就推动了社会的进步。但分工的出现，也带来了社会责任，也就是每一个参与社会劳动的人、每一个不同行业的劳动者，都必须对社会负责任。试想，如果医生不对病人负责任，教师不对学生负责任，商人不对顾客负责任，企业生产的产品尽是假冒伪劣产品，建筑工人造的房子没过几年就成了危房，那么这个社会的正常秩序还能维持吗？更谈不上人类的进步和幸福了。2008 年 11 月，我国发生了“三鹿奶粉事件”，给多少家庭和儿童带来了巨大的打击！可见，我们每个人都具有社会责任感对整个社会而言是多么重要。

我们还可以进一步说，对他人、对社会负责任，恰恰是对我们自己负责任。因为，我们每个人都生活在社会中，我们住的房子、吃的食品、穿的衣服都是在社会上通过货币交换获得的，如果社会成员没有责任意识，不讲职业道德，使假冒伪劣产品充斥市场，用“地沟油”炒菜，用工业酒精勾兑酒饮，那么有哪一个社会成员能够幸免呢？所以，我们说：社会中的每一个成员，恪守职业道德，做好分内应做的事，尽好自己应尽的责任，这个社会才会变得有序和谐，我们每一个人才能在其中安全地、幸福地生活。但仅靠这样说，并不能保证每一个社会成员都切实地承担起应尽的责任，于是为了确保社会有序和谐地运行，人类社会就构建了道德体系和法律制度来予以保障。丧失职业道德就要受到社会舆论的谴责，违法犯罪的行为就要受到法律的制裁！所以，恪守职业道德、服从行业标准、遵守法律制度就成了社会成员的第一责任。

二、当代大学生应承担的责任

《礼记·大学》有云："欲明明德于天下者，先治其国；欲治其国者，先齐其家；欲齐其家者，先修其身；欲修其身者，先正其心；欲正其心者，先诚其意；欲诚其意者，先致其知。致知在格物。物格而后知至，知至而后意诚，意诚而后心正，心正而后身修，身修而后家齐，家齐而后国治，国治而后天下平。"这就告诉我们，要承担时代所赋予我们的责任，首先要从修身开始，修身是根本。其本乱而未治者，想成大业是不可能的。这就是我们常说的："做人、做事、做学问，首先是做人。"因此，当代大学生若要承担起天下兴亡的责任，就要从对自己的思想、行为负责任开始。

第一，对自身的成长发展负责。同学们通过高考，进入了大学学习，有的同学也许高考时没有发挥好，没能进入一所自己心仪的大学，也有的同学由于大学资源配置的原因，没有进入自己向往的专业。这部分同学很容易产生得过且过的想法，失去了学习的动力，在行为上就表现出懒散、旷课，或者整天沉迷于游戏，把身体也搞垮了。最后不是毕不了业、被学校劝退，就是即使达到了毕业标准，也没有学到应该学习的知识，白白浪费了四年光阴。这就是对自身的成长和发展极不负责的表现，你浪费的不仅仅是四年时间，而是你的生命，因为生命是由时间组成的。我们可以忘记时间，可以把时间抛到一边，但是时间从来不会忘记我们。格非教授提出，人们如果没有对时间的沉思，没有对意义的思考，所有的空间性事物，不过是一堆绚丽的荒芜。如果我们不能够重新回到时间的河流中去，而是过度地迷恋这些空间碎片，那么我们也会成为这条河流中的一个匆匆过客。这个世界之所以可爱和美好，是因为每一个人都生活在有限的时间里。对意义的思考会改变我们的行为，改变我们的气质，改变我们对生活乃至于对死亡的态度，会让我们产生重要的变化。所以我们要学会思考时间的意义。

大家知道，中国的高等院校中，普通本科院校和高职院校占大多数，因此，进入这些院校的学生也占大多数。普通本科院校和高职院校的同学并不是说就不能成才，关键是要端正读大学的态度。

所以，希望同学们无论进的是什么样的院校，无论所学的专业你是否喜欢，都不要浪费时间，都要对自己负责，认真地学习。其实，四年以后哪个专业的毕业生更受社会的欢迎，还是未知数。而且，不同的专业虽然知识体系不一样，但学习方法都有相通之处，如果你通过专业的学习掌握了学习方法，那将终身受用。说实话，大学里也有一些课程是你可能不喜欢的，那怎么办呢？其实你越不喜欢的课越要认真听，因为这恰恰可以培养你的专注能力，这种能力对今后的工作十分重要。

第二，对你的家庭和亲人负责。马克思认为：“人的本质不是单个人所固有的抽象物，在其现实性上，它是一切社会关系的总和。”也就是说，人不是一个单独的存在，人是一个生理的、心理的、伦理的存在，是一个社会的、历史的、文化的存在。所以，人不仅要对自身负责，也要对家庭和亲人负责。家庭和亲人，特别是你的父母亲，是你所有的社会关系的最原始的出发点，没有父母的生育，你就不可能来到这个世上，也不可能成长到今天，成为一名大学生。因此，你在大学里的学习、生活就关系着你家人的期盼和他们的幸福，你的所有行为应对你的家人负责。对兄弟姐妹友爱、对父母有孝心，这是做人最起码的伦理道德。我从来不相信，一个对自己的父母没有孝心、没有爱心的人，会爱自己的祖国。将来你组建了家庭，你同样应该爱你的亲人、孩子。古人云：家和万事兴。家庭和睦你才有干事业的基础，家就像你人生的港湾，你在外面奔波累了，就回来歇歇脚，你疲劳了就可以在这里加加油。这就是“齐家”而后才能“治国”的道理。要做到“齐家”，首先就是要对你的家庭、亲人负责任，而不是没有感恩之心地消耗家庭提供给你的帮助。

我十分钦佩那些家庭经济困难而又有志向的大学生，他们不仅不抱怨家庭没给他多少支撑，而且在大学里刻苦学习，甚至在业余时间通过勤工俭学，来让自己顺利度过大学生活，这种学生就是对家庭负责任的学生。这种负责任的人生态度，就是一种“穷且益坚，不坠青云之志”的人生境界。这样的同学将来必成大器。相较之下，有的大学生用着家里的钱，还要摆阔气，甚至参与赌博，不好好学习，真应该感到羞愧！每个人的家庭出身是无法选择的，但你的行为却是可以选择的。

第三，对你周围的人和事负责任。作为一名大学生，不仅要对家庭和亲人负责任，而且还应该对所处的集体负责任。四年的同窗好友，是你将来人生道路上弥足珍贵的财富。在人生道路上，除了亲人以外，同学可以是你最亲近的人，你的行为要维护集体的荣誉，要维系同学之间的友情。若干年后，当你踏入社会，你会感受到这种班集体的凝聚力，同学之间的友情会在你事业的道路上给予你最无私的帮助，这就需要你在大学里首先做好分内的事，关心你所在的集体，关心你的同学，并为大家尽一份责任。只有懂得关心他人，他人才会愉快地接纳你。

人际关系也同学习一样，只有付出才可能有收获。这本来是再简单不过的道理，为什么我还要如此强调呢？这是因为当下的校园中仍有功利主义的存在。社会上某些人唯利是图的思想对我们大学生也会产生影响。用北京大学教授钱理群先生的话来说，现在有些大学生，属于“精致的利己主义者”：对周围的人和事，只要不关乎我的利益，能不管就尽量不管，什么团队精神都跟我无关，即使是参加志愿者活动，也带着功利的目的。如果大学校园里的每个人都这样，我们的民族、我们的国家还有什么希望？

请听听物理学家爱因斯坦的话，我们就能从中明白，每个人都有社会责任感是多么重要！他说：“我们这些总有一死的人的命运是多么奇特！我们每个人在这个世界上都只做一个短暂的逗留；目的何在，却无从知道，尽管有时自以为对此若有所感，但是，不必深思，只要从日常生活中就可以明白：人是为别人而生存的——首先是为那样一些人，他们的喜悦和健康关系着我们自己的全部幸福；其次是为许多我们所不认识的人，他们的命运通过同情的纽带同我们密切结合在一起。我每天上百次地提醒自己，我的精神生活和物质生活都是以别人（包括生者和死者）的劳动为基础的，我必须尽力以同样的分量来报偿我所领受了的和至今还在领受着的东西。我强烈地向往俭朴的生活，并且时常因为发觉自己占用了同胞的过多劳动而难以忍受。”同学们，像爱因斯坦这样伟大的物理学家，对人类做出了杰出的贡献的人，都拥有这样一种胸怀，我们有什么理由不肩负起我们应负的社会责任呢？

第四，对国家和社会负责。古人云："国家兴亡，匹夫有责。"纵观我国五千年的历史，中华文明能够绵延不绝，繁盛至今，就是因为有一批对国家和民族负责的人，撑起了我们民族的脊梁。在山河破碎、民族危亡的抗日战争时期，他们"冒着敌人的炮火前进"，"重拾旧山河"，他们经受住民族的苦难，最后使古老的中国凤凰涅槃，走向新生。这批人有个共同的特点，那就是爱国、爱我们的人民，有担当精神。邓小平曾说过："我是中国人民的儿子，我深情地爱着我的祖国和人民！"这是那批在民族遭受苦难时，不计个人得失，担当起民族兴亡重任的人的共同心声。试看当今世界，局部地区战火不断，一些国家的难民流离失所，四处逃亡。一个国家乱了，最终受害的一定是人民，这正是"没有国就没有家"所讲述的道理。

20 世纪初，当我们的国家正面临着军阀混战、列强侵略、山河破碎、民不聊生的局面时，有一个少年掷地有声地喊出了"为中华之崛起而读书"的口号，这就是共和国的开国总理——周恩来。今天，我们正在为实现中华民族伟大复兴而团结奋斗，当代大学生同样需要这种精神，同样需要为中华民族伟大复兴、为中国梦的实现而刻苦学习，掌握现代科学技术知识，包括现代科学管理知识，担当起这一时代所赋予当代大学生的历史责任！

三、在承担社会责任中，让人生变得精彩和幸福

也许有的同学会说：老师，在这浮躁功利的社会里，人们几乎都心存利己的想法，你却要我们担当社会责任，我能对自己负责就已经够好了，还要承担社会责任，这不是既可笑又不自量力吗？这可能就是“精致的利己主义者”产生的社会气候。但是，我要说，这恰恰是你短视的见解，这也是你没有悟透人生存在的意义所导致的，甚至，可以说，你连“什么是人”这个问题都没有搞清楚。只有对“什么是人”这个问题大彻大悟，你才会明白，担当社会责任是每一个社会成员的分内之事。大凡一心只为自己的人，他的人生道路是走不远的，人只有在为他人考虑并能承担力所能及的社会责任时，他的人生才会变得精彩和幸福。著名的慈善家特蕾莎修女，为了把安全和幸福带给受苦的人，为了帮助濒临死亡的人消除痛苦和恐惧，一辈子在慈善机构里热心工作。她一生清贫，将毕生的精力都献给了穷人、病人、孤儿、无家可归者和临终病困者。1979 年她获得了诺贝尔和平奖。正如她所说：“我们只需要团结起来，彼此相爱。用爱将大家凝聚在一起，用爱把和睦、欢乐、相互鼓舞的力量带回家中。只有这样，我们才能战胜世上的邪恶和摆脱不幸。”

那么，为什么说，人在承担社会责任时，会使自己的人生变得精彩而幸福呢？

我还是用马克思的“人的本质不是单个人所固有的抽象物，在其现实性上，它是一切社会关系的总和”这句话来说明其中的关系。从混沌初开的原始蒙昧状态中走出来后，人类逐渐组成了各种群体，从原始的氏族社会到奴隶社会、封建社会，人类产生了“人的依赖性”，

也就是说，人类社会除了独立的生命体以外，还存在着人与人之间的相互依赖性，如出生后孩子对父母的依赖，以及人走向社会后对社会的依赖。尽管到了现代社会，这种“人的依赖性”逐渐被“物的依赖性”部分取代，但是这种“人的依赖性”依然存在。因此，人就有了社会性的一面，社会就是每一个生命体生存的共同空间。为了更好地生活，人们希望有一个稳定和谐的社会空间，因此，作为社会成员就应该对这个社会负责任，对他人负责任，就像你将来到一个单位工作，你总希望这个单位和谐稳定，从而使你具有安全感，那么，你的所言所行就应该对维持这个单位的和谐稳定负责。这就是“我为人人”，才能达到“人人为我”。所以，我们说，一个人对社会、国家、你所在的单位和你周围的人负责任，最后就是对自己负责任。假设你是一个企业家，你生产的产品是优质的，这是你对社会负责的表现，结果你赢得了社会成员对你的信任，你的产品顺利推销了出去，你获得了不菲的利润，最终使你的企业得到更好的发展。所以一个真正有社会责任感的企业家一定视产品质量为企业的生命。

我们每一个人在社会上生活，总希望自己有一批好朋友，在你困难时能帮助你；我们总希望自己在事业上有所成就，对自己的人生有所交代；我们总希望自己在生活中幸福快乐；我们总希望自己的人生变得丰富精彩，当晚年回首往事时，觉得不虚此生。

我以为，要做到这一切，还是应该从培养自己的社会责任感开始。如果你是一个办事负责任的人，经常能为他人考虑，你就能赢得他人对你的信任。人的能力有大小，能为他人办事情的权力也有大小，但你对他人负责的态度，别人是能感觉到的。你获得他人对你的信任，才能有一批好朋友，在你遇到困难时，伸出援助之手。在人生困难之时，能相互帮助的人，才是真正的好朋友。

其实，有责任感的人才能成就一番事业。你在大学毕业后，会走上工作岗位，要使工作顺利、心情舒畅，同样需要你是一个有责任感的人，只有这样，你的领导、同事才可能信任你，而大家对你的信任，是你获得进一步发展的必不可少的条件。如果你有能力、有才华，但很自私，在个人利益面前斤斤计较，那么又有谁会信任你，又有谁会把工作的重担托付给你？相应地，你也不可能在事业上有所成就，甚至还会觉得在单位里与周围的人格格不入。比如，每名教师都希望得到学生的尊重、家长的赞扬、校长的肯定，但一定要明白，教师的成就是建立在学生的成功基础上的，这就需要教师爱自己的学生，对学生的学习、思想、行为负责。

每个人都有追求生活幸福快乐的权利，但是不是所有的人都明白，一个人生活上的幸福和快乐，其实跟工作上的成就、朋友之间的友谊是密不可分的，因为，工作本身就是人生活的一部分，朋友是你重要的交往对象。为了生活幸福和快乐，你首先就应该是一个有责任感的人，一个值得大家信任的人。

因此，我衷心地希望同学们从现在开始，不断地培养自己的社会责任感，做一个值得他人信赖的人。亚里士多德说："优秀是一种习惯。"培养自己的社会责任感，要从做任何事尽自己的全力开始，这样的习惯一旦养成，那你就是一个值得大家信赖的人，你的人生一定精彩！

延伸阅读

1. 张建伟、邓琮琮编:《中国院士》
2. 顾锦屏、周亮勋等著:《马克思的伟大一生》

思考题

1. 你对亚里士多德的“优秀是一种习惯”做何理解?
2. 当你在人生道路上受到委屈时,你还会去承担社会责任吗?
3. 你对当代大学生中存在的“精致的利己主义者”有何看法?

扫一扫

改掉一个坏习惯比掌握一个好习惯更需要毅力。

第四讲　毅力——让人生变得厚重

当我们在2016年巴西里约奥运会上，看到中国女排十二年后重新夺得奥运金牌时，我们为中国女排的胜利而感到欢欣鼓舞，但这个胜利来之不易：小组循环赛时中国队已处于不利地位，淘汰赛时又面对强手林立的局面。中国女排姑娘能取得最后胜利，靠的就是两个字——坚持，一个球一个球地争，一分一分地得。当然，排球比赛有很高的技术含量，但更重要的是拥有坚强的毅力，顶得住失利的压力。特别是在高手对决时，最后拼的就是毅力和耐心。

2016年8月21日，在巴西里约，中国女排姑娘们站上了奥运会的最高领奖台。这是最年轻的一届中国女排姑娘，平均年龄不到二十四岁，她们开拓了中国女排的第三个黄金时代。而在这样一个举国振奋的好成绩背后，有一个中国人都熟悉的名字——郎平。三十多年前，从1981年到1986年，中国女排创下了世界排球史上的第一个五连冠，让中国人感受到了民族崛起的信心和能力，那个时代在人们心中留下了深刻的记忆。她们的青春，是奋斗的青春，是拼搏的青春，是荣誉和汗水交织的青春。如今，当年五连冠的功臣们大都离开了体育一线，只有郎平一个人，不与年龄妥协，仍然从事着自己最热爱的排球事业。1985 年，郎平宣布退役。2013 年，在国际排联公布的排名中，中国队仅列第五位，危难关头，郎平出任中国女排主教练。虽然重新出山的路并不好走，但她没有令大家失望。2015 年 5 月，她带领中国女排重夺亚锦赛冠军；同年 8 月，又夺得世界杯冠军。2016 年，中国女排战胜塞尔维亚队，赢得里约奥运会冠军。站在最高领奖台上的中国女排队员，再一次唤起了国人对女排精神的集体共鸣，郎平也成为中国体育界唯一一位跨越时代，能够让年轻人和中老年人找到共同话题的偶像。

参加过 2004 年雅典奥运会和 2008 年北京奥运会的女排队员赵蕊蕊在接受董卿访谈时曾经讲过一段话："运动员在赛场上的时候，就是要争冠军，就是要赢。但是确实，伤病非常影响比赛。2007 年我跟冯坤一起去美国做手术，我说我真的不想再做手术了。我刚把钢板拆掉，为什么要再钉一个不属于我身体的东西给我？医生说，明年就是奥运会，你想打吗？我说我想打。他说那你就必须要做。当时非常痛苦。那时候给我爸爸打电话，我爸爸知道这个消息后蹲在地上。一个大男人——我爸爸有两米高——蹲在地上。我妈妈后来告诉我，他抽着烟，抽完之后抱着头，站起来说，退了吧。所以当陈指导给我打电话的时候，我哭得稀里哗啦的，但其实我最后给他的是肯定的答案。我说陈导，你放心，我赵蕊蕊不属于我，我属于祖国。我的头上刻着两个字，那就是‘中国’。排球是我生命中不可割舍的一部分，真的深深地融进了我的骨髓里；而那些同我并肩作战的队友，也是我一辈子铭记在心的。”

事实上，大凡要取得事业上的重大成就，除了知识和技术因素以外，很重要的就是坚持把事情做到底的毅力，不达目的誓不罢休的精神。著名科学家居里夫人能发现镭元素，需要多么坚强的意志和毅力。当年中国工农红军能成功地突围，完成二万五千里长征到达延安，又何尝不是一曲毅力和意志的凯歌！正如英国的柏克斯顿所言：“人与人之间，弱者与强者之间，大人物与小人物之间最大的差异就在于意志的力量，即所向无敌的决心，一个目标一旦确定，不在奋斗中死亡，就要在奋斗中成功。具备了这种品质，你就能做成在这个世界上能做的任何事情。否则，无论你具有怎样的才华，无论你身处怎样的环境，无论你拥有怎样的机遇，你都不能使一个两脚动物成为一个真正大写的人。”

一、毅力的含义及其意义

毅力通常是指一个人坚强持久的意志。它是人自觉地确定目的，并根据目的调节和支配自己的行动，克服困难以实现预定目的的心理过程。所以毅力又可以称为意志力。毅力是人的重要素质，即使我们不是伟大人物，日常生活中的经验也告诉我们，人的生活、学习、工作都需要有一定的毅力。

人的成功，需要有理想和目标，需要有敢于负责任的担当精神，但与之相伴的就是人的毅力。我们很多同学为什么学不好外语？除了学习方法以外，更为缺乏的就是学习外语的毅力，说实话，外语学习更重要的是日积月累的坚持，因为外语学习就是跟遗忘做斗争。如果你每天坚持背十个单词，阅读两篇文章，加上初高中时积累的外语单词，怎么会两年时间还过不了全国大学英语四、六级考试？所以，外语学习更需要毅力，一旦当你越过了外语学习的“高原现象”，那么外语就会成为你观察这个世界的另一双眼睛。现在，互联网非常发达，为我们人类的学习提供了便捷的途径，是我们学习和掌握信息不可或缺的工具，但是互联网是把双刃剑，我们如何有效提升自己的网络素养，合理安排好自己的网络生活，培养自己对花样翻新、层出不穷的游戏的克制，也是一门大学问。我们很多同学没有很好的自制力和时间安排能力，一旦玩上游戏，就废寝忘食、乐不思蜀了，结果大量的时间被占用，学业就荒废了，有的同学甚至身体都搞垮了，其结果就是“娱乐至死”。我们有的同学想改掉这种坏习惯，但就是做不到，说到底还是缺乏毅力。很多时候，改掉一个坏习惯比掌握一个好习惯还需要毅力！所以，我要告诉同学们：电脑、智能手机是学习机不是游戏机！千万不要玩游戏上瘾！美国盲人作家海伦·凯勒，小时候便由于疾病失明了，面对人生的这一巨大痛苦，她在老师的帮助下，用毅力和勇气继续学习，最后成了一名优秀的作家，她写的《假如给我三天光明》，感动了无数的人。我国有一名作家叫张海迪，她小时候就因患脊髓血管瘤而高位截瘫，面对这样的厄运，她没有放弃，成了一名坐在轮椅上的作家，她现在是中国残联主席。还有电影《攀登者》的原型夏伯渝，在双腿截肢的情况下，经过几十年的努力，终于完成登上珠穆朗玛峰的夙愿。这一切都需要巨大的勇气和毅力！

同样的道理，能在人类历史进程中做出重大贡献的伟大人物，也需要毅力的支撑，毅力伴随着他们的事业。有人赞誉鲁迅先生为写作天才，他自己却说：“世上哪有什么天才，我只是把别人喝咖啡的时间用在工作上了！”这就是毅力。所以，我们说，无论是伟人还是普通人，毅力总是与生活、学习、工作相伴。你的人生目标越远大，就越需要你有坚强的毅力。毅力是你成功的催化剂。人的一生是个漫长的旅途，在这个旅途中，你会碰到很多苦难及意想不到的打击，这时你就更需要毅力和勇气去战胜它，去迈过人生道路上的坎，就像《西游记》里的师徒四人，历经九九八十一难，最终才获得成功。记得我年轻时读到巴尔扎克的那句名言“苦难是人生最好的老师”时，曾泪流满面，激动不已。结合自己小时候的经历，心中产生了强烈的共鸣。后来，我对巴尔扎克的这句名言重新做了解读，我终于明白，人首先要有勇气和毅力克服生活带给你的无法避免的苦难，如果你被苦难压垮了，你堕落了，那一切都只能免谈，其次你要善于总结发生这些苦难的原因，是你自身原因还是你无法抗拒的原因所致，这样苦难才会真正成为你的老师！

因此，不管你将来的人生道路是一帆风顺还是历经苦难，请你始终记住老师的一句话：“只要生命还在，发展就有可能！”而且，还要非常乐观地用孟子的话“天将降大任于是人也，必先苦其心志，劳其筋骨，饿其体肤，空乏其身……”勉励自己。

二、结合日常生活培养自己的毅力

人的意志品质不是天生的，而是在后天的生活实践中逐步养成的。毅力的培养，光靠懂得道理，知道应该怎么去做还不够，必须在实际行动中进行锤炼。相较于个体实践行动，集体实践活动对毅力的培养具有更积极的意义。大学生应当自觉地结合自己的日常生活与学习，积极参与集体活动，培养自身的毅力，成为一个能克服人生道路上的困难的有用之才。

一般来说，大学生锤炼自身的意志，可以通过下列途径来进行实践。

第一，要有明确的生活目的，构建科学的世界观。

人的世界观是信念的体系，即一个人对世界和人生总的看法和态度。明确的生活目的和科学的世界观是具有良好意志品质的基本条件。这是因为，明确的生活目的和科学的世界观能使人正确地确定自己的行动目的，并对一切个人的、团体的思想和行为做出实事求是的正确评价；明辨是非、善恶和荣辱，才能使人具有高度的责任感，去勇敢地追求崇高的理想。因此，明确生活目的，自觉地构建科学的世界观，有助于我们在生活实践中克服困难，形成良好的意志品质。

第二，积极参与实践活动，以取得意志锻炼的直接经验。

坚强的意志是在克服困难的实践活动中形成和发展起来的，因此，大学生不仅要在学习时锻炼自己的意志，更要积极地参与丰富而有挑战性的实践活动，如参加大学生“挑战杯”竞赛、各类结合专业的学科竞赛、学校组织的体育竞赛、暑期的社会实践活动等。这些活动既有一定的难度，又有助于个体在集体中学习相互帮助，是锻炼意志品质的非常好的渠道。特别是碰到困难时，同学之间的相互鼓励、共同探讨，能让自己取得意志锻炼的直接经验。

第三，根据自身意志品质方面的差异，采取有针对性的锻炼措施。

应该说，大学生由于人生阅历和家庭环境的不同，在意志品质上呈现差异性，是很正常的。大学生应该有能力认识到自己在意志品质上与他人的差异，并采取有针对性的锻炼措施，从而使自己的意志品质更加完善。如有的同学主见不足容易盲从，那就应该通过对自身社会责任感的培养，通过参加集体活动，培养自己独立思考的自觉性；性格比较怯懦的同学，应该要求自己多参与一些富有挑战性的活动，通过克服困难，取得成功，以增强自己的信心和勇气；比较任性和固执的同学，则要想办法从做事的目的性和原则性如何结合方面做有意识的调整，理解固执与顽强的区别，接受任性不一定能达到目的的现实；经常做出草率决定的同学，要注意培养自己的耐心、沉着的品质，养成遇事多思考的习惯，深刻理解勇敢与蛮干、沉着与草率的区别；过分活跃而缺乏自制力的同学，则要注意提高自控力；等等。总之，意志品质的完善是个磨炼的过程，如果你能自觉地、有意识地、有针对性地磨炼自己，那你的意志品质一定会日臻完善，你的人生修养就会更上一层楼。

第四，意志的锻炼从点滴小事做起。

大学生大都有远大的抱负，觉得在一些小事上花费毅力是不值得的，认为小事马马虎虎过去就行了，大事才能考验人的意志。殊不知，在小事情上都不能克制自己的人，遇到大事怎么能从容面对呢？俄国文学家高尔基说得好：“哪怕是对自己一点小的克制，也会使人变得坚强起来。”以小见大，于细微处见精神，意志品质的完善恰恰是从点滴小事做起的。比如，在生活中能专注地做好每一件事，在平时的学习中能克服困难，久而久之，你的意志品质就会完善起来。

三、毅力让人生变得厚重

人的正确的见识、经验、才干是在社会实践中形成的。所以，我们说毅力伴随着人的成长。坚强的毅力成就人生的事业，同时也让我们的人生变得丰富、厚重。

《大学》开篇有言："大学之道，在明明德，在亲民，在止于至善。"这三条是"大学"的纲领，"明德"与"亲民"就是要求我们首先要有清明的德行，其次要懂得推己及人，使得人人能够革旧从新；而"止于至善"就是对上面提及的两项要求身体力行，把它们置于最高最善的境界。那么，这与我们说的意志与人生的厚重有什么关系呢？《大学》里又说："知止而后有定，定而后能静，静而后能安，安而后能虑，虑而后能得。物有本末，事有终始，知所先后，则近道矣。"这段话用今天的话说就是：只有知道先从自己做起，把自己的意志稳定在最完善的境界上，这样才会坚定不移；意志坚定不移，内心才会纯洁静穆；内心纯洁静穆，心思所及之处才会安详；心思安详不移，思虑才能周全；思虑周全，才会探求到那最伟大最精微的学问之道而不会混乱，不会动摇。世间的万事万物都有自己的根本和末尾（比如"明明德"便是根本，"亲民"便是末尾），世间的万事万物都有起始和结局（比如，"知止"便是起始，"能得"便是结局）。如果能够洞悉它的先后次序，那就接近"大学"之道了。"近道"的重要性，古人是看得很重的，孔子一生追求"天下为仁"的大道境界，他曾说："朝闻道，夕死可矣！"得大道并能实施之，这就是事业的成就，就是丰富的人生、厚重的人生。所以，古人说："士，不可以不弘毅！"这就是告诉我们，想要取得事业的成就，想要变得丰富而厚重，就应该有毅力。

成功人士都具有坚强的毅力。开国领袖毛泽东为了培养自己的毅力，在湖南第一师范学校读书时，坚持每天洗冷水澡，每天认真读书，用他自己的话说："人要野蛮其体魄，文明其精神。"所以，作为当代大学生，肩负着中华民族伟大复兴的重任，更需要在大学里磨炼自己的意志，培养自己的毅力。要坚信厚积薄发，终成大事。

延伸阅读

1. 埃德加·斯诺笔录，汪衡译:《毛泽东自传》

2. 傅高义著，冯克利译:《邓小平时代》

思考题

1. 在你的人生道路上，你曾失败过吗？你是怎么挺过来的？

2. 你对巴尔扎克的"苦难是人生最好的老师"这句话做何解读？

3. 你能结合今天的时代，对"大学之道，在明明德，在亲民，在止于至善"的《大学》之纲做新的解读吗？

扫一扫

扫一扫

君子和而不同，小人同而不和。

——《论语》

第五讲　宽容——让人生变得更加灿烂

在人生道路上，我们不仅需要有理想，有责任感，有坚强的毅力，也需要有一种宽容的人生态度。人在年轻时，往往会比较偏激，对某一问题的看法，会容易产生偏执，对不同意自己观点的人会采取排斥的态度，这是年轻人受阅历影响在成长过程中难免的一个阶段，但是如果一味地偏执，就是不成熟的表现。谁能够尽早地脱离这种偏执，以包容的心态看待这个世界的人和事，谁就成熟得快，他的人生就会少很多烦恼，变得从容淡定，就更能够从他人身上学到东西。孔子曰："三人行，必有我师焉，择其善者而从之，其不善者而改之。"这就需要有良好的人际关系为基础。联合国教科文组织在《教育——财富蕴藏其中》一书中，对现代人提出了"四个学会"——学会做事，学会学习，学会与他人共同生活和工作，学会生存。而学会与他人共同生活和工作的前提，就是对他人宽容。没有宽容的人生态度，你怎么跟人交往呢？要知道，在这个世界上，有同你志同道合的人，也有同你意见相左的人，甚至还有反对你的人，如果你都有能力与他们友好相处，那你一定会受益匪浅，一定会成就一番事业，也一定会拥有更加灿烂的人生。

扫一扫

一、宽容的含义及其意义

通俗地说，宽容是指一个人宽大、有气量，对人对事不计较，比较大度。这实际上指的是人生的一种态度。我们知道，随着人类社会的进步，人类的劳动产生了分工，反过来，正是因为分工的产生，人类文明才取得了巨大的进步。分工形成了社会的各种行业，每一个人为了生存和发展，必须依赖他人的劳动成果，同时你自己的劳动成果也受他人的依赖，于是人与人之间构成了一系列的社会关系。正有鉴于此，马克思说：“人的本质不是单个人所固有的抽象物，在其现实性上，它是一切社会关系的总和。”所以，在处理人与人之间的社会关系时，我们不仅需要有社会责任感，对他人负责，还必须有一种宽容的人生态度。一个人有好的一面，但也存在不好的一面，有能力强的一面，也有一定的短处，此所谓“人无完人，金无足赤”。再对照我们自身，不也存在这种状况吗？唯有用你的宽容心境去对待这些人和事，才能从容淡定，不被偏激的情绪所左右。我们说，社会是复杂的，有时候你很难改变不喜欢的人和事，唯一的办法就是改变你自己的态度。《红楼梦》中有一句话：“世事洞明皆学问，人情练达即文章。”同学们现在在大学里学习、生活，相对来说，学校生活比社会要简单得多，将来你走向社会，必须要有清醒的认识：社会远比我们想象的复杂，应该有一种宽容的人生态度去看待社会上的人和事，有了这样一种包容的态度，你就有了与人交往的基础，你才可能有良好的人际关系，你的事业才有人支持，从而获得成功。

也许有同学会说，老师你这样说，是不是在教我们处世要圆滑呢？社会是不是没有是非标准了呢？我绝无此意，我要告诉你们的是，很多事不能简单地用“对”与“错”、“是”与“非”来判别，一些非原则性问题，往往呈现出一种复杂的状态，不是自己习惯的处理方法就一定是对的。因此，在一些非原则性问题上，我们应该对他人有一种宽容的态度，允许他人的想法与行为和自己不同。当然，道德底线是在何时何地都必须坚守的，这是做人的基本底线，比如待人以诚、处事以公等。大家有没有注意到，学校图书馆大厅上的八个字“学而时习，智圆行方”？它说的也就是这个道理。想要修炼到这样的境界，前提是要严私德，守公德，明大德。孔子说：“君子和而不同，小人同而不和。”这就是一种求同存异的人生态度。我保持自己独立的见解但又跟意见观点不同的人友好相处，这就是君子之行；反之，小人往往表面上跟你保持一致，内心却对你不屑一顾。作为接受过高等教育的大学生，应努力做一个君子，一个光明而真实的人。

二、在大学的学习和生活中培养自己宽容的态度

首先，大学是知识的殿堂，学习知识的过程不仅需要有教师的引导，更要自己积极探索。亚里士多德说：“吾爱吾师，吾更爱真理。”对真理的探索，每个人有不同的方法，可能也有不同的观点，这就需要我们有宽容的态度来面对，兼容并包，取各家之长，从而达到追求真理的目的。其次，大学又是年轻人聚集的地方，如何友好相处、共同发展，同样需要我们有宽容的态度。因此，大学正是培养年轻人具有宽容的人生态度的好地方。

第一，在学习知识、追求真理的过程中培养自己学术思想上的宽容态度。

人类在认识和改造客观世界的过程中发现了很多自然规律和真理，逐渐累积起来，形成了今天叹为观止的庞大的知识体系，而这种知识体系的形成过程正是不同观点争论的结果。什么时候，人们思想解放，能宽容地对待新事物，科学技术和思想就进步得越快；反之，思想保守，对新的思想、新的事物采取扼杀的态度，科学技术和思想的进步就会停滞不前。中世纪的欧洲由于宗教统治，曾经举步不前，直到“文艺复兴”运动后，科学技术才进入了高速发展期。我国的春秋战国时代，由于社会环境的宽松，出现了以孔子、孟子为代表的儒家思想，以荀子为代表的法家思想，还有墨家思想、兵家思想、道家思想……真可谓百花齐放，百家争鸣。汉武帝时，董仲舒提倡“罢黜百家，独尊儒术”，百家争鸣的景象就无法再出现。可见，宽松的环境、宽容的

态度对科学技术的进步和思想史的发展是多么重要!

同样，我们今天在学习知识、探索真理的时候，仍然需要有这种宽容的态度，才能博采众长，才能从各种观点的争论比较中寻找到真理。当年，蔡元培先生出任北京大学校长时，就定下了“兼容并包”的办学思想，允许有新思想的陈独秀、李大钊、胡适在大学里执教，也让辜鸿铭等守旧派代表在大学里上课，让学生自己选择，体现的就是这种宽容的态度。因此，同学们在大学的学习过程中，不仅要培养自己独立思考的习惯，同时也要尊重老师和其他同学的不同观点，而不要一直采取摒弃的态度。

著名的丹麦物理学家尼尔斯·玻尔是量子力学的创始人之一，他创立了物理学上的哥本哈根学派，聚集了一批年轻的物理学家到他的实验室研究物理。在实验室里，玻尔经常组织大家对物理问题进行讨论，发表不同的意见。当时，绰号为“上帝的鞭子”的年轻物理学家泡利，总是喜欢挑剔别人的研究成果，甚至对玻尔也不留情面，他也因此被好友冠上了“上帝的鞭子”这个“雅号”。但玻尔就是能宽容地接受泡利的批评，并赞赏他对科学的尊重与求真的态度。玻尔从泡利对物理研究的评论中找出合理的有价值的意见，加以采纳，从而推动了研究所的物理研究。他的这种虚以纳谏、从善如流的研究作风使哥本哈根学派的研究氛围十分有活力，在物理史上被誉为“哥本哈根精神”。著名的“哥本哈根精神”表达了宽容对待学术研究的重要性。玻尔的挚友、著名的物理学家罗森菲尔德认为“哥本哈根精神”是完全自由的判断与讨论的美德。澳大利亚物理杂志的编辑罗伯逊认为：“哥本哈根精神或许可以很好地被表征为玻尔给人的一种鼓舞和指导，它与聚集在周围的青年物理学家的才华相结合，体现了领袖与群众的互补关系。”“玻尔依靠他的洞察力和鼓舞精神，把他周围的人的聪明才智充分发挥出来。”传记作家穆尔则认为，“哥本哈根精神”是“高度的智力活动、大胆的涉险精神、深奥的研究内容与快活的乐天主义的混合物”。

被誉为“科学国际化之父”的玻尔，事业心极强，夜以继日地工作，但他也幽默好客，不摆架子，个人魅力同样强大。他爱才如命，到处物色有希望的青年人来研究所工作，他积极提倡国际合作，“哥本哈根精神”随着量子力学的诞生而诞生，将永远是发展科学的宝贵精神财富。

同学们也许会说：我们将来不一定搞科学研究。但是，我认为“哥本哈根精神”对你从事的其他工作同样有借鉴价值。因为在从事一项较为复杂的工作时，总是需要广泛听取不同的意见，博采众长，吸收他人的智慧。无论你将来是一名普通员工，还是一名领导干部，都需要有这种精神，才能让同志们团结在你周围，去成就一番事业。

第二，在集体生活中培养自己宽容的态度。

对很多同学来说，来到大学后过的集体生活也许是之前从未经历过的。事实上，当同学们刚从全国各地来到一个学校，组成一个班级，在同一个教室和寝室里一起学习生活时，严格地说还不是一个集体，而是一个群体。从社会学意义上说，集体和群体是两个不同的概念。狭义的群体概念是指由于某种共同的社会活动和交往需要而结合起来的具有组织特征的联合体，如学校、年级、班级等；而集体是群体发展的高级形式，是具有共同规范、共同活动目的和共同活动组织的整体。如一个有良好学风，遵守共同的规章制度，并有共同的活动目的的学生群体就形成了一个集体。同样，一个班级要上升到班集体层次，就需要班级全体同学有共同的目的，遵守共同的规范。集体中每一名成员的一言一行都能自觉维护班级的荣誉。这样的集体不仅是大家学习生活的场所，更具有相互学习、相互帮助的教育价值，是学生之间进行自我教育的最佳场所。为什么一个有集体荣誉感的班级值得大家毕业若干年后依然怀念，就是因为你在这个集体中度过了你人生最美好的时光，你不仅收获了知识，也收获了友谊，有的同学还收获了爱情。

所以，我们每一个同学都必须为构建这样一个班集体、学生寝室而共同努力。在寝室文化的建构中，我们倡导“敬、静、净、竞、进、禁、尽、精”的氛围。敬：大家来自不同的地区、不同的家庭，但是寝室是大学里最小的一个家，室友之间要营造互敬互爱的氛围，彼此之间，要做到尊重、团结、友爱。静：随着选课时间的不同和生活习惯的不同，大家的作息时间也不同，但寝室是大家共同生活的场所，所以希望大家彼此之间可以保持安静的氛围，尤其是在遵守学校规定的作息时间内，形成一致的公约。净：在寝室内，倡导同学们不只打扫自己座位四周的卫生，还要有整体性，保持整个生活空间的洁净。竞：大学是同学们成长、成熟、成才的关键时期，室友之间要倡导一种共同进步的氛围，保持良性的竞争意识。进：青年时期是大学生成长的黄金时期，也是人一生成长的一个小分水岭，这个时期，更要拥有积极向上、向善的进取情怀。禁：根据每所学校的宿舍管理条例，大家要有边界意识，明白什么是可以做的、什么是禁止做的，树立一种法治意识，尊法、学法、守法、用法。尽：每个人的能力有大小，爱好也不同，只有尽可能地理解与自我、与他人的关系，以责人之心责己，以恕己之心恕人，尽力使自己完善，才能实现自我和谐，以及与他人的和谐。精：青年人是最朝气蓬勃的一代，不仅要有精气神，还要精于专业学习，为未来的职业、事业做好准备，业精于勤而荒于嬉。

有无数优秀寝室的例子萦绕在我的脑海之中。例如，有这样一个寝室：这是一个由四名女生组成的寝室，她们相互帮助，共同学习，本科毕业后都考取了硕士研究生，毕业前夕总结四年的学习生活，她们都十分怀念共同学习、生活、奋斗的岁月，她们互相包容，取长补短，共同进步，不仅收获了知识，也收获了友谊。这四名同学来自四个不同的地区，生活习惯包括饮食习惯、作息时间等一开始都很不一样，但当她们确立了一个共同的目标——考研后，就都能相互包容，彼此尊重，外语基础好的同学帮助外语基础差的同学，专业能力好的同学把自己的复习笔记与大家一起分享，就是这种宽容的精神成就了她们。

因此，要构建这样一个有助于集体成员共同成长的集体，就必须依靠每一名成员与人相处时的宽容态度。因为每名同学来到大学之前，已经度过了属于自己的十几年岁月，家庭环境、地域文化、曾接受的基础教育等都有差异，要融入这个集体，就要懂得容他人之短，学他人之长，尊重他人的性格和习惯。

第三，放远眼光，宽容地对待自己。

人的一生有顺境也有逆境，不可能都一帆风顺。正如北宋大诗人苏东坡所言："人有悲欢离合，月有阴晴圆缺，此事古难全。"怎样对待逆境，怎样从逆境中奋起，不仅考验一个人的毅力，还需要我们有一颗宽容待己的心。同样，在人生顺利之时，我们也不可忘乎所以，仍然需要有一颗平常心去淡定处之。这就是范仲淹所说的"不以物喜，不以己悲”的人生境界。

在人生的道路上，逆境是不可避免的。艰难困苦，玉汝于成。比如，同样刻苦努力地学习，但没有考取自己心仪的大学；曾经山盟海誓的恋人突然离你而去；学业优异、能力很棒，但找不到理想的工作；工作勤奋、业绩突出，但提拔和加薪时却没轮到；等等。这些事情也许你已经历过，也许你将来会遇到。怎么办？你怨天尤人，你心中无比委屈，你愤愤不平，但都无济于事，如你采取过激的行为，或者一蹶不振，可能还要受到法律和纪律的处罚。彼时彼刻，你只能以宽容的态度接纳一切。宽容的态度事实上是一种心理调节器，帮助你渡过人生的难关。然后在此基础上，你开始总结反思自己的不足，重新奋起。我国改革开放的总设计师邓小平，在他的革命生涯中曾“三落三起”，这与他有坚定的理想信念和宽广的胸怀是分不开的。

对年轻人而言，有时候顺境也是对人生的一种考验。年轻人往往会对一时的成功，感到春风得意、踌躇满志，把自己看得过高，忘记了成功是有很多人帮助的结果。古人说要成大事必须有“天时、地利、人和”，绝不是仅靠一己之力。所以，身处顺境仍需要有一颗平常心，淡然地看待荣誉和成就。因为荣誉和成就只代表过去，前面的路还很长。因此，我们在人生道路上，无论成败得失，都需要放远眼光，用一颗宽容的心来对待自己。在历史的长河中，我们只是一朵渺小的浪花，何必太过在乎一时的成败得失。唯有用宽容的人生态度待事、待人、待己，我们的人生道路才能走得更远，这就是诸葛亮说的“非淡泊无以明志，非宁静无以致远”。

第四，宽容与坚持原则的关系。

以宽容的态度待事、待人、待己，并不是说做人不需要有原则、不用守住底线，而是指在一些非原则性问题上求同存异。我们应该清醒地看到，在现代社会中，价值观念多元化，社会上的一些不良行为也会进入大学校园，如诈骗行为、考试作弊、将诋毁国家形象的不良信息通过互联网进行传播等。这就不能以宽容的态度处之，而应该坚持原则，守住底线。首先做到不参与，其次以法律的名义进行抵制和交涉，以维护社会公德和国家形象，这是作为大学生最起码的个人道德修养和法治意识。将来，你们走向社会，更需要有这种坚持原则的勇气和守住底线的良知。

人需要亲情、友情、爱情，需要朋友、爱人、知心者、志同道合者，需要事业的成功和成就感。说实话，这些东西不是所有人都能得到的，它们是弥足珍贵的，而要获得这一切的前提是你要有感恩的心、宽容的心。高尚的人格力量是伟大的。在现代社会，随着社会基本结构日趋公共化，系统逐渐复杂化，个人的力量正变得越来越微小。能容人之短，学人之长，能换位思考，能替他人着想，有这样的品质，一定是个少烦恼的人，是个幸福的人，你会有很多朋友、知心者，愿意在你的事业上给予你最大的帮助和支持。

延伸阅读

1. 房龙著:《宽容》

2. 瓦西列夫著:《情爱论》

思考题

1. 你对“君子和而不同，小人同而不和”这句话做何解读？

2. 你对“班集体”对你成长的影响有什么感悟？你希望的“班集体”是怎样的？

3. 举一个例子说明在你人生的道路上你是怎么对待顺境或逆境的。

扫一扫

扫一扫

选择伴随着人的终生，
选择能力是人生智慧的体现。

第六讲 选择——让人生不迷失方向

在很多孩子的成长经历中，经常会被家长的这样一句话“支配”：不要让孩子输在起跑线上。很多家长会自作主张地给孩子报名参加大量的特长班，孩子们早早失去了欢乐的童年，成了“小大人”，失去了学习的兴趣，甚至对学习产生了恐惧感。其实，仔细分析这句话，是十分不科学的。因为，生命的诞生是一个偶然事件，这是无法选择的，不同的环境和家庭，怎么可能有同样的起跑线呢？其实，我更同意这样的观点：人生的输赢不一定在起跑线上，很可能在人生的转折点上。回顾我们每个人的人生道路，我们遇到过很多人生转折点，如初中毕业升高中，高中毕业考大学，大学毕业找工作，工作后寻找人生伴侣，等等。人生有很多转折点，转折点上的选择将会影响你未来的人生之路，这是一个客观现实。当我们面对人生的转折点时，要做出怎样的选择，是最为关键的一步。我国农民作家柳青曾经说过这样一句话："人生的道路虽然漫长，但紧要处常常只有几步。"这个"紧要处"就是人生的一个个转折点。人需要具备四种品质和能力：有效的思考能力、交流思想的能力、做出恰当判断的能力和辨别是非的能力。其中尤其重要的是判断力，因为在专业化时代，没有人能成为所有领域的专家，每个人都必须信任绝大多数领域里造诣更深的其他人的意见，所以特别需要具有智慧，借以判断，从而做出正确的选择。学会做出正确的选择是一个人精神成人的重要标志，也是你将来步入社会不可或缺的能力，是实现美好人生的重要保证。

《朗读者》节目的其中一期以"选择"为主题，主持人董卿认为选择无处不在，小到今天吃什么，大到一些关键时刻的抉择，她认为我们的人生，就是一次又一次选择的结果。"生存还是毁灭？"这是一个永恒的选择题。到最后我们将成为什么样的人，可能不在于我们的能力，而在于我们的选择。"面朝大海，春暖花开"，是海子的选择；"人不是生来就要被打败的"，是海明威的选择；"人固有一死，或重于泰山，或轻于鸿毛"，是司马迁的选择。在这期节目中，我们看到徐静蕾选择了挑战和变化，耶鲁"村官"秦玥飞选择了希望的田野，"红丝带"校长郭小平选择了呵护和守望。最让人感动的是麦家，曾经叛逆的他如今面对叛逆的儿子，选择了理解和宽容。有人说我们这个时代不缺机会，所以也势必会使每个人面临很多选择。那么是遵从自己的内心还是随波逐流，是直面挑战还是落荒而逃，是选择喧嚣一时的功利还是选择持久平静的善良，都是我们要拷问自己的问题。如果说，人生是一次不断选择的旅程，那么当千帆过尽，最终留下的就是一片属于自己的独一无二的风景。

一、选择的含义及其对人生的意义

所谓选择，就是当人处于多种可能时最后所做出的决定。其实，每个人漫长的人生道路上，时时处处都面临选择。大到求学之路、事业之路、婚姻大事，小到每时每刻的时间安排、钱的使用，都面临选择。那么，我们应该如何选出那个最佳答案呢？

我们来分析一下求学之路的选择。

完成高考以后，你面临读什么专业的选择。这个选择影响你未来的工作方向。如果你选择的专业是你感兴趣的，也跟你的能力相匹配，你在大学学习时就会乐此不疲地深耕这个领域，这就为你今后的专业成才打下了一个坚实的基础；反之，如果选择的专业你不感兴趣，你也没有专业所需要的能力，那么你要在这方面做出成绩就会很累，也会很痛苦。现在很多大学生的专业都不是自己选择的，而是出自父母之命，对学生来说，这实际上是件非常痛苦的事。再比如大学毕业后，是选择就业、读研究生、出国留学、考公务员还是创业呢？同样面临选择。当然，这是从人生道路大的方面来说的。事实上，在日常生活中，我们每时每刻都面临着选择，比如，今天晚上你有两个小时的空闲时间，你是计划用来看书学习呢，还是用于玩电脑游戏？这就是一个选择。爱因斯坦曾经说过："人的差异产生在业余时间。"

事实上，人生大方向的选择和日常生活中的选择是紧密地联系在一起的。如果你选择了大学毕业后继续求学、考研究生，但你平时却没有集中精力把时间花在学习上，外语水平不高，专业知识也学得不扎实，你就不可能考取研究生。所以，当你确定人生大目标后，你就要义无反顾地把平时的时间和精力花在为实现这一"选择"而努力上。

你要做有价值的人，就要争取每时每刻都做有意义的事。我曾经将这番道理跟很多大学生讲过。有学生对我说："老师，如果我们一直这样做，那人生不是太累了吗？"我当时很是无语，但我深知这是人生的价值观问题，于是就用孔子与其弟子子贡的一段对话，促使那名学生去思考。"子贡倦于学，告仲尼曰：'愿有所息。'仲尼曰：'生无所息。'"孔子的回答，何其有道理啊！每个人也许都向往享受和安乐，这是无可非议的，但问题是年轻时选择了"享受和安乐"，那么，到了晚年也许会一事无成，那时就无法享受快乐的生活。"少壮不努力，老大徒伤悲"不正是说明了这一点吗？

所以，在我们的人生道路上，大的方面要争取"选择正确"，而在日常生活中要"正确选择"。这就是选择对人生的意义！

如果我们对人的选择行为，再做一个经济学的分析，那么，我们就更能看到正确选择的价值及其对我们人生的意义。经济学家贝克尔在他的著作《人类行为的经济分析》中指出：一个理性的人在他做出某种行为时，都有一个目的或者说有效用方面的考虑。比如，一个成年人选择继续受教育而放弃就业，他一定是有继续受教育可能会给他将来的生活或者收入带来好处的信念，才会做这个选择。这实际上就是经济学中"机会成本"的概念在人类"选择行为"上的一种运用。

何谓"机会成本"？简单地说就是，当人选择A时，必须放弃B，或者反过来，当人选择B时就必须放弃A。于是，经济学上把你放弃B，视作你选择A的机会成本，反之亦然。举个例子，你某一天上街去，口袋里只有50元钱，你原本打算吃一顿炸鸡，刚好50元钱，但你却在新华书店发现了一本心仪已久的价格也刚好是50元的书，这时机会成本就发生了。也就是说，如果你吃了炸鸡，就买不成这本书了，如果你买了这本书，炸鸡就吃不成。这面临着一个选择。换句话说，买这本书的机会成本是吃不成炸鸡，而吃炸鸡的机会成本是买不成这本你心仪已久的书。仔细地分析我们的日常生活，类似的事情常常伴随着我们，需要我们学会选择，或者说学会放弃。

有时候，机会成本还会演化为沉没成本。刚才我举的吃炸鸡与买书之间的选择，可能还能用钱弥补，有的机会成本却是无法弥补的，这就演化成了沉没成本。比如对时间的安排和利用，就是一个关于沉没成本的问题。周末上午你有四个小时的空闲时间，你是选择看书学习，还是选择玩电脑游戏，这不仅是个机会成本的问题，更是一个沉没成本的问题，因为时间之箭永远没有回头路。“逝者如斯夫，不舍昼夜！”如果，你能真正明白这一道理，那么，就请你做出正确的选择，珍惜大学里一千多天的美好时光，朝着你心中的理想，锲而不舍地努力！

扫一扫

二、做出正确选择的前提

对年轻人而言，由于缺乏生活阅历和人生经验，要做出正确的选择，并不是一件容易的事，但面对人生的很多“十字路口”，你却必须做出选择，没有办法回避。同学们要明白，我们生活在“复杂性”中，要具备一种在不同场合转换自己的能力，一个人有许多侧面，但还是一个完整的人。我们必须在一种“复杂性”中生活，才能认识一个超越大学的世界。当然，同学们现在正在大学学习，完全可以带着问题请教那些有经验的过来人，也可以通过阅读历史书籍、名人传记得到启发。教育家赫钦斯认为，要成为一个真正意义上的人，最好的方法是通过阅读和讨论经典名著。经典名著作家探寻了关于人性那些常问常新的问题的深度，并以令人吃惊的洞察力解释了人类的思想和态度。而阅读和讨论这些名著，从某种角度来说，就是让现代人参与到这些伟大对话中，让对话得以继续下去。同样，经典名著可以引导我们在复杂的不确定中，追问我们的内心：“我们应该怎么生活？什么是美好生活的结构？什么样的成功才包含幸福？”同学们要直面未来生活的各种变故与不确定性，更好地与自己赖以生存的世界和谐共处，理解自己在其中扮演的角色，从而拥有一个更富有意义的人生。

要做出正确的选择，有三个因素是必须考虑的。三个因素的有机结合，才会使你的选择变得正确。

我在讲“理想”这一专题时，曾经说过，人在确立自己的理想时，必须考虑自我条件、环境条件和时代需要这三个因素。事实上，当一个人在人生道路的关键点上面临重大选择时，也必须考虑这三个因素。古人在打仗时，一定要考虑“天时、地利、人和”这三点。所谓“天时”就是时势，就是符合时代的需要，代表历史前进的方向。而“地利”就是环境因素，“人和”就是主观因素。

对同学们来说，一个很现实的问题是，大学毕业后，你准备干什么？无论你现在愿不愿意做出选择，你迟早必须思考这个问题，因为四年后，你是没有办法回避的，人生之路总得往前走！与其走得毫无方向，还不如尽早地思考这个问题，尽早地谋划自己的未来，这就是“凡事预则立，不预则废”的道理。

你们的自身条件、所处的环境你们自己最清楚，我不可能一一道来，需要你们自己去把握。但今天我们所处的是一个什么样的时代，这个时代拥有怎样的发展趋势，这是老师必须告诉你们的！

众所周知，人类已经历了数千年的农业经济和数百年的工业经济发展阶段。近半个多世纪以来，计算机、集成电路、网络技术、多媒体通信等相继出现并迅猛发展。一般认为，20 世纪 80 年代以来，人类已进入信息化时代，或者说知识经济时代，当代经济和社会的发展越来越依赖于知识的创新和知识的创造性运用；另一方面，随着经济的全球化和通信技术的发展，世界越来越呈现全球化的态势。为了进一步加深对这个时代的认识，我们需要将知识经济时代与以往我们已经经历的时代做一个比较，并且进一步认识知识经济时代对人的影响，从而更好地迎接时代的挑战，做一个时代的弄潮儿。

在农业经济时代，水、阳光和土地是人类发展所需要的主要自然资源，谁能充分占有并利用这三大资源，谁就是人才。很多国与国之间战争的爆发，就是为了掠夺这三大资源，这是世界战争史所证明的。18 世纪开始的工业经济时代，主要的生产要素是农业原料、矿产资源、掌握工业生产知识或技能的技术工人，还有资本。因此，到了工业经济时代，教育得到了大众化发展，掌握生产技术和矿产资源开发的人才，以及金融行业的人才，成了社会和那个时代的需求。但今天，我们已经进入了知识经济时代，信息的获取、储存、传输、处理、演示技术和装备、云计算、大数据处理已改变或正在改变我们生产和生活的方方面面。知识经济时代，顾名思义，知识已经成为一种资源、一种推动经济发展的重要力量。掌握信息并能创新应用的人是这个时代渴求的人才。知识不仅是一种资源，而且是唯一取之不尽、用之不竭并可无限积累的最重要的资源。与其他物质资源相比，知识具有三大特征：不可消耗性、共享性、可传播性。创造、传播和利用知识的主体是人，知识的传播、创造主要靠教育，靠人的创新实践和创新思维。知识的这三大特征正越来越在经济和社会领域中发挥作用。

有鉴于此，人的创新能力和国际视野将是成为这个时代的弄潮儿所必备的。这就是你们所处的时代，也是知识经济时代对人才的要求。

所以，同学们如果要真正成为一个自立自强的成功人士，就要进一步认清这个时代的特征，并结合你自身的条件和你所处的环境，对你今后的人生道路做出正确的选择。做出选择后，你还要为你的选择而坚持不懈地努力。当然，大学毕业，对你们而言，真正的人生道路才刚刚开始，人生的道路还很长，其间仍然会面临很多机遇，同时也伴随着很多选择。所以，选择能力的培养和提高是每个人一生都要面对的考验。选择能力是一种人生智慧，具有这种智慧才能使人不迷失方向。我的人生阅历告诉我，选择能力的培养和提高需要注意三个方面。

第一，必须守住底线，不被眼前的利益所诱惑，要明白“天上不会掉馅饼”的道理。很多领导干部已官至高位，最后仍然犯错误，甚至犯罪，就是被眼前利益所诱惑，沉浸于声色犬马，无法自拔。这就叫“德不配位”。因为，现在的社会很复杂，人也很复杂，需要正确择友，正确地与人交往。在与各类人的交往中，最重要的就是守住你做人做事的底线，不能做的事千万不要做，千万不要有侥幸心理。人在做，天在看，天网恢恢，疏而不漏，这就是天道。

第二，善于从他人身上吸取经验，包括教训，使自己的生活阅历不断地丰富起来，为自己的人生选择打下扎实的基础。孔子曰：“三人行，必有我师焉，择其善者而从之，其不善者而改之。”“与善人居，如入芝兰之室，久而不闻其芳，则与之化矣。”老子曰：“善人，不善人之师。不善人，善人之资。”同学们还年轻，如果能养成这种从他人身上吸取经验教训的习惯，那将终身受用，你将真正成为一个有人生智慧的人。

第三，从历史著作和名人传记中学习和培养选择能力。培根说：“史鉴使人明智。”梁晓声认为：“当书改变了你的时候，你再看这个世界的眼光是不一样的。”当你从书籍当中获取力量，建设起了一个相对比较完整的精神家园的时候，你才可能比较成熟、比较正确地去对待这个世界，去对待幸福或者苦难。因为，我们今天碰到的许多问题其实在历史上都曾出现过，只不过以新的形式再现。阅读名人传记最大的好处是能从名人的成功中汲取力量与养分，学习他们在人生道路上做出正确选择的方法。爱因斯坦说过：“只用专业知识教育人是很不够的，通过专业教育，他可以成为一种有用的机器，但是不能成为一个和谐发展的人。要使学生对人生价值有所了解，并且产生热烈的感情那是基本的。他必须获得对美和道德上的鲜明辨别力。否则，他运用他的专业知识只能像一条受过很好训练的狗，而不像一个和谐发展的人。”比如发现镭元素的居里夫人，青年时期第一次在爱情上受挫折后，将自己全身心地投入了研究工作，最后两次获得诺贝尔奖。这就是强者。

因此，我真心地希望同学们在人生道路上不断地培养自己的选择能力，不迷失方向，尽自己最大的可能取得想要的成功。

三、在生活实践中不断校正自己的选择

人生的道路是漫长的，生活是丰富多彩的。在学习和生活实践中人的阅历会丰富起来，来到大学里，你会有择友的需要，有选择社团和活动的需要，毕业后，你还会有择偶的需要，选择职业的需要。所有这一切都需要你做出选择，选择将伴随你的一生，选择将体现你的人生智慧。

首先，人生有顺境也有逆境。在顺境中，人往往比较容易做出选择，顺势而为，成就事业。但漫漫人生路，逆境并不会比顺境少，在逆境中选择继续和坚持却是十分艰难的，这不仅需要你有执着的信念和坚强的意志，更需要你有人生智慧。比如，在我国改革开放的过程中，很多企业家就有类似的跌宕起伏的经历。所以，我希望同学们在将来的人生道路上始终牢记一句话：“只要生命还在，发展就有可能。”达观从容地面对人生的坎坷，在风雨的打击中坚持不倒下、不放弃，这就是有大智慧的人！

其次，当下这个时代还有一个特点，那就是变化非常快。特别是在“互联网 +”的背景下，很多传统的产业和行业都遇到了巨大的挑战：有的行业在快速兴起；有的行业在被“互联网 +”取代，比如网上

购物、网上购票、网上订旅馆等；有的行业已不可逆转地衰退，甚至退出了人们的视线，比如数码相机替代了胶卷，柯达胶卷公司只能破产。因此，很多行业退出了历史舞台，对你来说，也许面临着重新择业的考验。那么，如何选择一个有利于职业发展的就业岗位，这几乎是每一个年轻人都必须考虑的问题。所以，终身教育、学习能力成为你进行新的选择的必备条件。大学，对很多同学来说，也许是进行系统学习的最后一个驿站，你能否在大学里顺利地接受系统的知识学习，并通过知识学习掌握自学的方法，培养学习能力，为终身教育打下良好的基础，显得尤其重要，这就是你迎接未来挑战的制胜法宝。面对着这迅猛变化的时代，机遇与挑战共存，你还愿意在大学里虚度光阴吗？我还是要再一次强调："机遇永远垂青有准备的头脑！"所以，我衷心地希望同学们回归学生之道，那就是认真读书，积累你的知识，培养你的能力，这才是正道。

再次，你年轻时候做出的选择，也许是正确的，也许是不切实际的。但正确与否都要接受社会现实的检验，通过自身的实践加以体验，并且根据社会变化的情况和你自身条件的改变予以校正。在现实生活中，你被公司老板"炒鱿鱼"和你有能力"炒老板的鱿鱼"，这完全是两个不同的境界。而这个区别的关键，就是你的实力。当然，在现在这个时代，你也可以自己创业当老板，这是政府鼓励的，但你在什么行业创业？你的公司有多少技术含量？是否可以在行业中立足甚至独占鳌头？这也是需要选择的。我认为，大学生创业应该是基于专业背景的创业，就像比尔·盖茨当年创业，就是充分利用自己的数学专业优势，从为他人编程序开始，最后从一个一百美元起家的小公司变成了超级大公司，子公司几乎遍布全球，在计算机领域引领风骚数十年。

因此，当你们走上社会后，更要重视自身的实践和学习，并善于积累，为你做出新的更正确的选择做准备。唯有如此，你才能永远立于不败之地!

同学们，在人生的道路上，选择将伴随你终生。只要你的大脑永远处于学习状态，只要你树立终身学习的理念，只要你不断地对自己的生活实践、工作实践加以反思和总结，只要你能把握住时代发展的趋势，你就能在每一次选择中获得成功，即便是暂时失败了，你也能很快地站起来，通过选择和奋斗，跃上人生的另一个高峰，这正是人诗意栖居的体现!

延伸阅读

1. 加里·S. 贝克尔著:《人类行为的经济分析》
2. 吴季松著:《21 世纪社会的新趋势：知识经济》

思考题

1. 谈谈你对人生机会成本的认识。
2. 你对“只要生命还在，发展就有可能”这句话做何理解?
3. 结合课堂内容，你对大学毕业后的道路将做何选择?请说明你的理由。

扫一扫

扫一扫

依靠学习走向未来。

——习近平

第七讲 专业学习——让自己成为社会有用之才

大学教育与基础教育的最大区别就是大学的专业设置和专业教育。对很多同学来说，大学也许是你系统地学习知识的最后一个驿站，因此，如何进行专业学习并把专业知识学得扎实，是迎接将来的社会挑战的一个必不可少的基础。不同的专业，有不同的学习内容和不同的学习方法。在这里，我不可能，也没有能力对每一个专业如何学习一一加以分析。我只能就专业学习中的一些共性问题以及同学们在专业学习中可能碰到的疑惑加以引导。在这里，我主要叙述五个方面：第一，大学的专业设置与社会各行业之间的关系；第二，大学专业背景下的课程设置与学习要求；第三，大学专业学习的三个境界；第四，大学专业学习过程中可能碰到的问题之我见；第五，加强自主学习，培养自己的批判思维和创新精神，为终身学习打下方法论基础。

扫一扫

一、大学的专业设置与社会各行业之间的关系

以四年制的全日制本科院校为例，全国的大学专业数达到 506 个（截至 2012 年）。我们学校的专业设置数也达到了 48 个。现在，国家对大学教育的要求是提高教育质量，办出特色。而大学的特色大多是专业特色，像浙江海洋大学就是以海洋专业为特色的，兼顾其他专业的设置和发展。

大学的专业是根据社会和国家发展的要求而设置的。比如浙江省是海洋大省，海洋经济的发展、海洋资源的开发、开发海洋过程中如何加强海洋管理等，是浙江海洋大学设置专业的依据。当然，还会根据社会的其他需要和办学的历史原因，设置一些专业，如师范类专业、管理类专业、外语类专业、数学类专业、物理类专业。换句话说，大学专业的设置依据，是社会各行业的需求。也就是说，大学各个专业的设置和培养的各类人才都是根据社会需要而定的。从这个意义上讲，每个专业的毕业生都能找到社会上相应行业的就业岗位，只是分工不同而已。

当然，由于社会的进步，各行业对人才不仅有类型上的需求还有水平上的要求。比如，教师这个行业，随着社会的进步，对教师的学历要求也变得越来越高。在我国沿海地区，呈现出小学教师本科化、中学教师硕士化、大学教师博士化的趋势。当然，待遇收入也将会有明显的差异。这是社会发展的趋势，也是跟国际高等教育接轨的必然做法。总之，大学的专业设置跟社会各行业的需求是紧密相关的，而且还会随着社会的发展而不断变化。为此，大学的专业设置、人才培养方案的制定也会随着社会的变化而通过改革予以实现。

当然，社会是复杂的，当你步入社会后，也许会有跨专业发展的可能。社会和行业的快速变化使人们跨专业、跨行业发展的可能性加大，这对人的适应能力提出了更高要求。很多跨专业发展成功的人，都有较强的适应能力和自学能力，能通过自主学习适应行业需求，而且，他们往往都有创新的欲望，有不安现状的拼搏精神和挑战自我的冲劲。正因为他们具备了这种宝贵的素质，才在跨专业领域中得到了发展，从而取得了事业的成功。但这并不意味着在大学里学的专业毫无用处，关键是在进行原专业学习时，培养自己的学习方法和自学新知识的能力。

二、大学专业背景下的课程设置与学习要求

为了适应社会各个行业对从业人员的要求，学校对设置的专业会有一个人才培养方案，这个方案就规定了该专业学生必须学习的专业知识，并以课程的方式呈现出来。不同的专业有不同的课程。课程难度要能适应学生，课程之间还必须存在逻辑关系，课程内容所涉及的

知识有不同的特点和不同的学习要求。

1. **大学的课程设置**

由于专业学习的要求不同，学校设置的课程也千差万别。但大致可分为三类：公共基础课、专业基础课、专业课。

（1）公共基础课：思想政治理论课、大学英语、计算机基础、公共体育课等。

（2）专业基础课：指专业学习中的必修课程。如工科学生必须学习高等数学、大学物理，这两门课没有学好，很多专业课内容就没有办法学习，像建筑工程专业的四大力学——理论力学、结构力学、材料力学、流体力学都必须以大学物理为基础。如经济学、管理学专业以微积分、线性代数、概率论为基础。即使是生物学专业，大量统计数据的处理也必须以数学的统计知识为工具。正如恩格斯所说，任何一门科学的真正完善在于数学工具的广泛应用。现代科技的发展充分证明了这一点，而且数学对人的逻辑思维能力和推理能力的培养有特殊的作用。

（3）专业课：指特定专业的学生必须学的核心课程，其中涉及的专业知识是以后从事与该专业相对应的工作所必需的。一般地说，专业化水平越高的行业，就业岗位就越稳定，被他人取代的可能性就越小。比如像医生这个职业，其他专业的人由于没有经过系统的医学知识的学习，是不可能进入这个行业的。其实，社会上的各个行业都在提高自己的专业化水平，从事该行业就必须获得该行业的从业资格证书。如教师资格证书、律师资格证书、国家注册会计师资格证书、建筑师资格证书、评估师资格证书等。因此，学好专业课，取得某个行业的资格证书是你就业的必要条件。

2. 大学的专业实习

大学的很多专业由于与社会行业联系十分紧密，不仅需要大学生掌握扎实的理论知识，而且需要具备能够将理论知识运用于实际工作的能力。为了加强大学生这方面能力的培养，学校会在安排理论学习的基础上，开设实验课、专业见习、专业实习等培养学生实践和动手能力的系列课程。比如，浙江海洋大学为了培养中小学教师，不仅要求学生系统学习教育学、心理学、课程教学论等理论知识，而且还要安排学生写教案、试教，进行“三字一话”培训，到中小学见习、研习，最后到中小学顶岗实习。其他专业也是如此。事实上，大学生们如果能够认真地参加专业实习，其实是能帮助自己更好地理解理论学习内容的。这就是理论联系实际的教学原则的运用。

3. 毕业论文和毕业设计

根据《中华人民共和国高等教育法》的规定，一个本科毕业生还必须具有初步研究能力。这也是本科毕业生和专科毕业生的最大区别。所以，做毕业论文或毕业设计是本科人才培养必不可少的环节，也是本科生培养自己创新能力的一个重要方面。如果毕业论文、毕业设计很有创意，达到了可以发表的水平，那就更有意义了，也许你的毕业设计还可以申请专利。

总之，大学生在进行专业学习时，要认真学好公共基础课和专业基础课，为今后的学习或者考研打下扎实的基础，专业课学习时要注重理论联系实际，加强实践环节的锻炼，在做毕业论文和毕业设计时能把所学的知识加以运用。所以，同学们在今后的专业学习中，一定要注意课程之间的逻辑关系，打好基础，做一个勤于思考和实践又具有创新意识的大学生。

三、大学生专业学习的三个境界

毫无疑问，大学的专业学习以知识学习为载体，无论是以课程形式呈现的理论知识还是以实践经验形式呈现的经验知识，都是一种知识学习，但如果我们仅停留在知识的获得（这是基础）上那是不够的。事实上，在获得知识的过程中还可以培养不同的能力，比如学习数学知识，能培养严密的逻辑思维能力，学习文学知识能培养形象思维能力，学习物理化学知识能培养动手能力，等等。另外，人类在创造知识的过程中，也在改变对世界的看法，即学习的过程，会伴随一些观念的变化。比如物理学上的能量守恒和转换定律使人类对未来发展的预期十分美好，但后来发现这种转换是有代价的，这就是“熵”定律，这使得人类认识到开发自然资源不能是无限的。1905 年爱因斯坦创立了狭义相对论，使人类重新认识到这个世界不是绝对的，而是相对的。所以，知识学习的最高境界就是价值引领和正确世界观的形成。

因此，大学生的专业学习应努力达到三个境界，从而让知识真正成为改变世界、促进人类进步的工具。

1. 关于知识的学习

这一部分我将介绍三个与知识学习相关的理论，以帮助同学们正确地掌握知识的含义。

（1）现代认知心理学认为，知识可分为陈述性知识和程序性知识。陈述性知识是指个人具有有意识地提取线索，因而能够直接陈述出来的知识。陈述性知识也可称为记忆性知识，是一种狭义的知识。

程序性知识是指个人没有有意识地提取线索，其存在只能借助某种形式间接推论的知识。它包含了应用规则对外、对内的调控能力，是一种广义的知识。

我们列举几个例子来说明陈述性知识与程序性知识的区别。

数学上的四则运算，如从记忆规则角度讲，是陈述性知识，熟练运用规则进行心算和计算就是程序性知识。

记叙文的概念是陈述性知识，能很好地写记叙文却需要通过反复练习而成，这就是程序性知识。

对历史事件的记忆是陈述性知识，但对历史事件进行分析和利用分析为当下发生的事件提供借鉴却是程序性知识。

化学元素周期表中元素的符号和化学价是一种陈述性知识，但运用化学价进行化学方程式的配平是一种程序性知识。

这种知识的分类告诉我们：教师在传授知识时，应根据知识的类型提出不同的学习要求，以帮助学生更有效地学习知识，促进学生智力的发展；而学生在学习不同类型的知识时，应采取不同的学习方法，这对我们今天学习大学的专业知识尤为重要。

举例说，当你学习人文学科中的陈述性知识时，你必须博览群书，并进行适当记忆，没看到过的，没记住的，你一定掌握不了；当你学习自然学科中的程序性知识时，你一定要动笔演练、推算，如果只是死记硬背，即便所有的公式都背出来了，你可能还是没办法做对一道题目。

这就是知识分类对我们学习方法的启示。

（2）知识的内在关系。美国教育心理学家奥苏伯尔曾经把学习分为有意义学习和无意义学习。他的有意义学习同化理论认为：人的知识学习的过程是一个同化的过程，也就是人头脑中原有的旧知识同化吸收新知识的过程，原有的知识学得越牢固，吸收同化新知识的能力就越强。比如小学数学四则运算学得好，到初中学习代数式的运算就会变得容易。事实上这就是在告诉我们，基础知识学得越扎实，后续知识学习就越容易，就像高中物理学得好，高等数学学得好，学大学物理就比较容易。奥苏伯尔进一步指出，知识往往以概念的形式呈现，所以概念的学习最重要，他因此特别重视概念学习，并指出在概念学习时，一定要搞清楚概念与概念之间的关系。为此，他划分了上位概念、下位概念和并列概念之间的区别，同时将概念学习分为总括学习（上位学习）、类属学习（下位学习）、并列结合学习（结构相同）三类。我们用举例的方法说明这三种学习方式的特点和要求。

总括学习：学生已知正方形、长方形、菱形的内角之和为 360°，接下来学习凸四边形的内角之和。这时候就要用总括学习方式，即从特殊到一般的学习方式。已知“（n−2）×180°”是所有多边形的内角之和公式，只要掌握了这个公式，所有凸多边形的内角之和的计算问题就都解决了。

类属学习：学生已知数列极限的概念和函数极限的概念，当他学习函数在某点连续的概念、导数的概念和定积分的概念时，就会明白，后面三个概念无非是特殊类型的极限。只要把极限的概念学好了，导数、连续、定积分的概念学习就容易了。类属学习是一种从一般到特殊的学习。

并列结合学习：两个概念之间虽然没有内容的联系，但结构相似，学习时努力找出它们的相似性，产生联合的意义，学习就会变得容易起来。比如大家都学过正比例一次函数的表达式 $y=kx$（$k>0$）。在其他学科里这种函数的应用非常多。如在经济学中，某商品的产量与收入的关系就是收入＝价格 × 产量（价格不变）；在物理学中，物体

的质量 $m = D \times V$（m 为质量，D 为比重，V 为体积）。这些例子都跟正比例函数的概念相似。

再比如，学生在学习财务管理时，有很多概念要背要记，往往会感到困难，老师在小结时说了一句话：记账就是合并同类项，做账就是代数和为零（收支平衡）。学生很快就理解了，这就是并列结合学习。

所以，同学们在进行专业知识的学习时要充分运用有意义学习理论，减轻记忆负担，厘清知识之间的内在联系和逻辑关系，使学习更高效。

（3）学习的迁移理论。我们在介绍奥苏伯尔同化理论时已经知道，一切新的有意义学习都是在原有的学习基础上产生的。也就是说，一切有意义的学习必然包括迁移。比如说，同学们在学习高等数学时，原来在高中数学里的函数概念、三角函数知识掌握得好，就比较容易学习函数的极限概念；函数的极限概念学得好，学习导数的定义就比较容易，反之，就会比较困难。

所以，同学们在大学里学习专业知识时，要充分构建好自身的认知结构，尤其是与专业高度相关的基础课的知识结构，这样，接下来的学习才会越来越顺利，你大脑中的知识结构才会越来越丰富。

2. 关于学习方法的学习

在大学的专业学习过程中，知识的掌握是首要任务，但不是终极任务。古人云："授人以鱼不如授人以渔。"这说的是教师在传授知识时，要注意向学生传授学习知识的方法。这无疑是正确的，但我们必须清醒地认识到，方法的掌握必须以具体的知识为载体，世界上不存在离开具体知识的方法。

不同学科、不同专业的学习，蕴含着不同的学习方法，这些不同的方法，还将影响你的思维结构和思维品质。著名哲学家培根认为：读史使人明智，读诗使人聪慧，演算使人精密，哲学使人深刻，道德使人高尚，逻辑修辞使人善辩。这就是不同知识所蕴含的对人思维结构、学习方法的影响。当然，由于培根所处的时代，物理学、化学和生物学还没有蓬勃发展，所以他对自然科学的学习方法没有具体涉及。事实上，大学里很多工科、农科专业以及后来兴起的环境科学专业等都是以实验科学为基础的。对这种以实验为基础的学科知识的学习，能培养我们的动手能力和解决实际问题的能力，改变我们对世界的看法。

自然科学引领人类进步，每一次自然科学的重大成就都让人类进一步认识到这个世界的本质，改变着人类的生活方式，如石油的开发为我们提供新的能源，医学科学的进步延长了人类的寿命；而人文科学知识关注的是心灵世界和人类的终极命运：我们发展经济、发展科学的目的究竟是什么？原子能是用来做能源还是做战争的工具？生物克隆技术的进步为什么不能用在人类自己身上？大家都知道爱因斯坦是个伟大的物理学家，但他从少年时代开始就喜欢阅读哲学著作，还会拉一手漂亮的小提琴。因此，我真诚地希望理工科的学生多读一点人文类、哲学类、历史类的著作，学人文科学的学生也可以自学一下高等数学或者逻辑学，以构建自己良好的知识结构，这将使你们终身受益！

3. 关于价值观的培养

价值观，其实就是一个人如何对待自己、他人和所处环境的一种态度。我认为大学生价值观的培养至少要做到：懂得尊重自己——他不苟且，因为不苟且，所以有品位；懂得尊重别人——他不霸道，因为不霸道，所以有道德；懂得尊重自然——他不掠夺，因为不掠夺，所以有永续的生命。

社会需要由正确价值观来引领，人生需要由正确的理想和信念来导航。我们在大学里不仅要学习知识、掌握学习方法、构建自己合理的知识结构，更要树立正确的价值观。读大学、学知识，最终是为了做人，最终是要走向社会的。如何在社会上安身立命，除了专业知识和能力外，你还应具有对这个社会、这个世界的正确看法，应该能够正确地处理善与恶、利与义、公与私、爱与恨等的关系。一个有文化的人，他应该有如下的内涵：（1）根植于内心的修养；（2）无须提醒的自觉；（3）以约束为前提的自由；（4）为别人着想的善良。如果你是个受过良好教育的大学生，就理当如此。这就是一种正确的价值观。

当然，价值观的培养，需要通过知识的学习、自身的修炼，其中最重要的是自我约束，就像曾子说的“吾日三省吾身”就是自我约束的体现。

其实，每一种知识体系，都体现了一定的价值观。如数学知识体现了逻辑严谨的价值观；物理、化学、生物等以实验科学为特征的知识体现了以客观现实为出发点的价值观；人文科学、管理、经济学知识体系体现了人与人之间如何相处、如何管理的价值观。因此，大学生在学习专业知识、构建自己的知识结构时，还应该注意对自己正确价值观的培养。我认为这是知识学习的最高境界。

如果一个大学生能做到对自己不苟且，对他人不霸道，对自然界不掠夺，那他就是一个有文化底蕴的人，他就能在今后复杂的社会生活里学会拒绝，抵制诱惑，拥有廉洁自觉的修养。

4. 关于能力、知识、思维之间关系的探索

当同学们了解了大学知识的学习、方法的掌握和价值观的培养后，一定会问一个问题：这些东西与我能力的提高有什么关系？在大学里，经常有同学问我："老师，在大学里是培养能力重要还是学习知识重要？"同学们，你们说，哪一个重要？

其实，这是一个伪命题！因为一个人能力的获得是离不开知识的学习的。

我们说，一个人能力很强，你是怎么判断的？一定要看这个人的外在表现，也就是他在处理问题时所表现出来的行为，使人感觉到这个人能力很强；再仔细分析，这个人在处理问题时所表现出来的行为，一定是经过他大脑的思考和选择的，也就是说跟他大脑中的思维结构和经验有关。而人思维结构的变化与他的学习和实践有关，即他的知识结构影响了他的思维结构。于是，我们可以用图 1 来表示这种内在关系，从而让我们进一步了解知识学习和能力培养的关系。

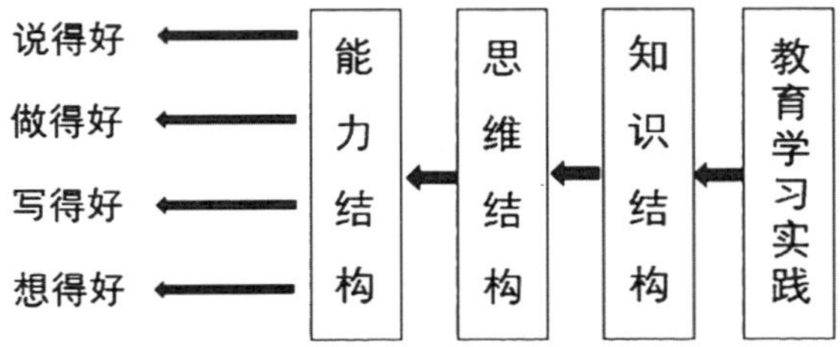

图 1 "学思践悟"导图

如果大家明白了这个道理，就一定不会再问，学习知识重要还是培养能力重要这样的"伪命题"。在当下社会里，信息泛滥如洪水猛兽，各种技能证书考试层出不穷。同学们一定要明白，信息不等于知识，技能不等于能力。如果你不懂得建构自己的知识体系，你迟早会

被信息洪水淹没；如果你不懂得培养自己的能力尤其是自学能力，你终将被各种技能证书耗尽财力和精力！

四、大学专业学习过程中可能碰到的问题之我见

1. 我对就读的专业不感兴趣怎么办

我们很多同学进入大学学习，就读的专业常常是父母帮忙选的，通常是出于今后就业需求方面的考虑，其实你本人对这个专业没有一点兴趣；另外一种情况是专业被调剂，被迫学某个专业；还有一种情况是，虽然就读的专业是自己挑选的，但是在你对专业学习的要求并不了解的基础上选择的，就读后，才发现自己不喜欢这个专业。凡此种种，都可能导致你对专业学习缺乏兴趣，学习积极性自然不高，这也会导致你学习过程中的各种不顺利。面对这种情况，首先应学习学校的学生学籍管理手册，了解换专业的要求和标准，其次根据自己的情况请教老师争取换专业。当你达不到换专业的标准时，你要问一下自己，是打起精神好好学习这个专业，争取各门课考试及格，再利用空余时间自学自己喜欢的专业，还是退学参加第二年的高考，争取进入自己心仪的专业学习？选择权掌握在自己手里。

2. 这个专业我一开始有兴趣但后来慢慢不喜欢了，怎么办

这种情况，一般会在大学二年级以后发生。这时要再换专业就不可能了，怎么办？老师的建议是：首先，合理规划大学学习生涯，现在读的专业争取课程合格；其次，可以通过辅修喜欢的专业进行学习或者利用网络资源等自主学习自己所喜欢的其他专业，同样可以学有所得、学有所获。总之，不能浪费时间，要重新构建自己的知识体系。

3. 这个专业我很有兴趣也学得很好，如何进一步发展

有的同学专业课程学得不错，对专业内容也很感兴趣，想进一步在自己专业领域里发展，那么就要尽早准备，争取通过读研究生来提升自己，为今后的专业发展打好基础，也可以跟着老师提早进入课题研究，发表论文或发明专利。

五、加强自主学习，培养自己的批判思维和创新精神，为终身学习打下方法论基础

大学的学习生活已告别了被动学习的状态，一个优秀的大学生就应该加强自主学习，在学习过程中培养自己的批判思维和创新精神。我们知道在科学研究中，问题往往是规律的入门处，只有对已有的结论进行怀疑和批判才可能产生新的理论，这就是创新的第一步。

现在，我们国家号召“大众创业、万众创新”，但我认为，大学生创新创业最好是基于自己的专业进行。比如用你花了精力和时间研究的专利和技术作为创业的基础，技术含量就高，创业也更容易成功。

未来的社会是个变化非常快的社会，尤其是在“互联网 +”的时代，终身学习将是我们迎接时代挑战的唯一方法，而在大学里培养自己的自主学习能力，就是架起大学阶段学习和终身学习的桥梁！

六、结束语

亲爱的同学们：今天，你们带着对未来的憧憬走进大学。四年后，

我真诚地希望你们以健康的体魄、良好的人格、正确的价值观、敏锐的智力、丰富的精神世界、坚强的社会责任感走向社会，从而担负起中华民族伟大复兴的重任。母校将会为有你们这样的学子而骄傲！

延伸阅读

1. 郭金彬著：《科学创新论》
2. 赵鑫珊著：《科学·艺术·哲学断想》
3. 练性乾编：《南怀瑾谈历史与人生》
4. 巴伯著，顾昕等译：《科学与社会秩序》

思考题

1. 你喜欢你的专业吗？下一步有何打算？
2. 你对专业知识学习与能力培养的关系是如何认识的？
3. 谈谈你对大学生创新创业的看法。

扫一扫

心灵感悟

“大学教育与诗意栖居”课后感

作者：2017 级　袁云睿

经过 2—9 周的短暂课程，我修读的这一课程将要结束。作为我第一次的翻转课堂经历，我受益良多。一时间思绪万千，不如从选择这门课程开始说起。

开始选择这门课程时，我是非常犹豫的——基本修满的公选学分，完全不熟悉的老师，完全不了解的领域，以及完全不一样的教学方式，这对我这个不喜欢改变的人来说不太有吸引力，甚至有点可怕。但是因为那段时间恰好在读顾城，那种激流勇进的浪漫主义让我有了“冒险”一次的动力和勇气。

于是大幕揭开，虽然没有初上的华灯，但有各具特色的嘉宾。相信每一个选择这门课的同学都会对这门课程有着不同的憧憬。一阵高雅的音乐声中是埋头操作教案的老师，登记个人信息的表格也陆陆续续发了下来，确实给人一种大课堂的仪式感。随后的课程进展则确实令我有些意外。没有经史子集，没有诗词歌赋，只有感人至深的人与事，以及发人深省的工作生活道理。从老当益壮的伟大军医，到偶然助人的普通市民，一个个鲜活的故事，映衬着难分伯仲的小组交流和教师总结，一切都是新鲜的，如朱自清所说，像换上了新衣的婴孩，一进一退都是让人振奋的，又像一首流行歌里的歌词“大街上人来人往，有悲有喜，犹如跃动于五线谱的旋律”，虽然此中也有这样那样的遗憾，但此处先撇下不提。

再谈课程内容。论抽象的人生哲理，虽然我经历还非常浅，但也听了很多，大约算是老生常谈了，理想、情怀、担当、坚毅、宽容、专精，都早已不是第一次听说。那么问题摆在了我的面前：学习这一课程的主要意义是什么呢？仅仅是为了重复那些旧的道理，帮助学生去端正行为吗？显然不应该是这样的。这问题盘旋在我脑海里很久，直到前两堂课才开始明晰。大学生该怎样诗意地栖居？或者说作为一个现代社会的公民，该怎样让自己的人生有价值、有意义、有幸福感？

该从自身的为人处世上开始改变。不要随波逐流，不要袖手旁观，不做躲在木桶里面的犬儒主义者，更不能把一切归于娱乐和虚妄来做达达主义者。中国青年本就需要“有所为”，更何况是七尺男儿。修身、齐家、治国、平天下的第一步自然是修身。这不是玄乎其玄的，而是与科学相通的，心理的平衡与健康。要能坚忍，要能担当，要懂得合作，真正地学会诚信，把原本喊在口号里的东西落实到现实的工作与生活中去。随后是齐家。现在以社会为重，原本的齐家自然应该推至社会。那维持社会秩序，需要哪些道德品质？说多也多，说少也少。多起来可以包括羞耻心、共感心、牺牲意识、服从与辨别能力等，如果要一言以蔽之，那大概是孔夫子的“恕”。己所不欲勿施于人，我不希望他人苛责自己，那就让他人一片海阔天空；我不愿他人频频失约，那就先从自己守信开始。

那么，幸福感，或者说栖居的诗意又该从何说起呢？老师也提供了一个参考答案，从个人价值的实现和思想道德品质的磨砺找起。不论有多忙碌，总应该挤出一些时间去读一些对人生有意义的书。至于读书的好处，究竟如何读，先贤已经有长篇累牍的论述，这里就不班门弄斧了。幸福与诗意终究是偏唯心的，不能用唯物的思路去考量，不过也说不定，是我思想过于僵化了吧。

最后，我在课堂上尚有笔记未留，尚有讨论未完，尚有良友没有结识，但课程的时间已所剩无几了，在为自己的怠慢懊悔的同时，我也由衷感谢这一门课的所学能够为自己的人生道路带来不一样的色彩。今后的学习生活该如何进展，心里也确实有了更多的把握。言已尽但意犹未尽，只能匆匆搁笔。

“大学教育与诗意栖居”课后感

作者：2017 级　王佩瑶

转眼本学期已至期中，而只有八周课时的“大学教育与诗意栖居”课程也已接近尾声。当时选这门课是因为觉得它“听起来像是一门可以培养个人情操”的课，而事实上它也确实是这样的。

我仍记得第一周来上课时，发现 202 教室的布局十分新奇，便开始觉得这不是一门简单、平常的选修课。老师在第一节课时下发了一张个人信息表，上面要求填写一些个人基本信息，还列了一些有关阅读、上网等的问题。那张表于我而言，不仅仅是一张个人信息表，而是给了我一个自省的机会：我在大学里做过哪些有意义的事情？我的阅读时间是否充足？对我影响最大的书又是哪一本？虽然填表只是十几分钟的事，但我回寝室之后的思考却延续了很久。我自认为自己的阅读时间比身边的同学都要多，但是这样真的足够了吗？当然不是的。首先，我虽然阅读的时间不少，但仍未养成每天阅读的好习惯；其次，我的阅读范围很小，一般只会去读文学类的著作而很少涉及科学类的作品。这些对自己的思考，可能在别人眼中无足轻重，对我自己却十分重要。希望我能在此基础上，进一步提升自己。

老师的课堂也十分有趣，且引人深思。可惜我笔力有限，在这里只谈谈老师课堂中讲到的“理想”和“责任”这两个话题。

先来说说“理想”。在课堂上给出的理想的定义是：人对未来事物的想象和希望。我对它的定义是：一个人对自己将来想要成为什么样的人、想要过什么样的生活的想象和希望。定下理想的前提是要认清自己和了解整个社会环境。认清自己，是要认清自己的兴趣爱好和自己的长处与短处；而认清社会环境是要了解社会需要什么样的人才。老师在课上讲到，理想和信念是一个人在社会上安身立命的根本，是经受生活考验的精神支柱。我非常赞同这个说法。如果每天早上起来，脑子里不知道自己要做什么、想要做到什么，是非常可悲的。

老师在课堂上与我们分享了自己的求学之路，让我感触颇深，也让我佩服不已。老师在中学时代，不顾父母的不支持，坚定自己要接受更高层次教育的理想，坚持求学。后来即使在高考中失利，也没有心灰意冷，而是复读了一年。老师对自己理想的坚持让我十分敬佩。我也自问：如果我处于老师当年那样的境况中，是否会和老师一样坚持？我不知道，或许我可以，或许我不行，但或者这根本不重要。重要的是，接下来的我会不会朝着这个方向努力？我想这个问题，我是可以自信地回答的：我会！

事实上，我的理想一直不是很明确。我曾在自己的一篇文章中写道：“我们不常说‘理想’，但是我们何尝停止过追逐理想呢？”在很长一段时间里，包括高考时期，我都无法明白自己想要什么，自己的梦想到底是什么。所以在填报大学志愿时，我无从下手。最后我被电子电气专业录取。在大学期间，我渐渐地加深了对自己的了解，所以在一个学期后，我便转到了英语师范专业。我不能说，现在作为一个大二学生，我已经非常清楚自己的理想，但是至少我已不似从前迷惘。我认为，现在的大学生都缺少一种“Inspiration”和“Motivation”。希望我们都能渐渐找到自己的“Inspiration”和“Motivation”，最终找到自己的理想。

再来谈一谈“责任”。老师在课上说过的“中国知识分子的责任心”就是对国家与民族有所担当，有所作为，要为实现中华民族的伟大复兴负起历史责任。作为大学生的我们，也许还不能算是知识分子，最多是“准知识分子”。但是这并不代表我们是没有责任的。我曾在我的演讲稿中写道：我们终会担起海洋一般厚重与深沉的家庭与社会责任。而我们现在能做的，就是担起在大学里应担的责任。作为一个学生，好好学习自然是头等的责任，与此同时，也应该及时完成小组合作的项目与作业；作为一个成年人，应该开始为家人、家庭考虑，即便不能为家里减轻负担，也至少不该成为家里的负担。

我在大学里结识了很多伙伴，也曾与他们推心置腹。许多人都提到，处在大学这样一个“中间时期”，有时候觉得自己责任重大，有时候也会感觉自己还没有准备好。这样的迷惘一定不是个别的，而是普遍的。在渐渐长大成熟的过程中，我们都会有软弱与逃避。希望我们都能调节好自己，成为一个负责任、有担当的“大人”。

“大学教育与诗意栖居”的课堂是短暂的，但是“大学教育”和“诗意栖居”在我们接下来的人生中都将会有深远的影响。写到这里，我突然发现，自己学到的东西比我意识到的要多得多。我只能说，感谢老师给我们带来的这门课，也希望我们都能成为更加优秀的自己。

“大学教育与诗意栖居”课后感

作者：2017级　朱慧芳

记得选课那天，看了那么多的课程，其实都不怎么了解也谈不上感兴趣，看到“大学教育与诗意栖居”的时候想着这应该是门能够陶冶情操的课程，那也不错，就和室友一起选择了这门课。

回顾第一次上课，走进教室看到色泽鲜艳的圆桌，觉得特别新奇。老师发给我们一张填写个人信息的表格，真的觉得老师很用心，没想到的是后来老师竟然还记得我当初填的喜欢读的一本书是什么。还有一次走在学校的博雅大道上老师居然跟我打招呼（当时没戴眼镜没有看到老师），我真的很感动，因为大学里能够认识自己的老师真的不多。

在课堂上，记住了老师的分享系列，如：机遇永远垂青有准备的头脑；如何上大学，一要志存高远，二要掌握自主学习方法，三要学会调理自己的生活，四要关注“互联网+”时代；人是生活在未来，行动在当下的动物；人要自我实现是不可能脱离社会环境的，只有适应社会，然后才谈得上自我实现、自我发展，才有可能改造社会；四个学会——学会学习，学会做事，学会共同生活，学会生存；诚信是做人的底线；以责人之心责己，以恕己之心恕人；苦难是人生最好的老师；容人之短，学人之长；等等。

每一节课老师都会教我们一个最基本的做人品质，通过同学之间的交流，分享经历，老师讲解，给我们一个思考的过程与体验，每一个讨论的主题都深入每个同学的思想。有时候真的很神奇，老师的一个分享、一个讲解真的会影响我的生活方式。很喜欢老师分享过的一些名言：无论是多么明亮的艳阳天，也会有乌云笼罩的可能，世上没有永远风平浪静的海，人生也有颓废消沉的时刻，就好比走在一条崎岖不平的羊肠小径上，跌跌撞撞，使人气馁，但这是真正的转折点，能坚持到底，便是成功的彼岸。漫漫的人生拼搏奋斗历程，有时候总会遇到这样的一种状况，感觉自己明明已经很努力了，可是还是没有得到自己想要的，或者忽然感觉人生失去了奋斗的意义，感觉有些迷茫，觉得再努力也不可能有什么大的起色了，于是就想放弃，这便是遇到了瓶颈。生活从不缺少瓶颈，但是，仔细品味这句名言，认真思考老师讲过的道理、事例，就会问问自己：为什么别人可以做到的事情自己做不到？为什么努力了那么久要放弃？我会把这些瓶颈当作人生的转折点，坚持下去，到最后不管结果怎样，坚持过也是一种成功。还有一句“世事洞明皆学问，人情练达即文章”，学做人是我们人生的必修课，也是终身要学习的基本素养。就宽容来说，一个人宽大有气量，对人和事不计较，比较大度也是一种人生态度。它体现了我们的素养，在对待别人上我们要学会宽容，学会换位思考，以恕己之心恕人；在学习知识，追求真理的过程中，培养自己学术思想上的宽容态度；在集体生活中培养自己宽容的态度；放远眼光，宽容地对待自己。

除了课堂上学到的一些人生哲理、生活态度外，老师也经常在群里跟我们分享一些自己看过的书籍里面的好段落以及看到的一些有触动性的视频。我之前是一个挺不喜欢看书的人，哪怕很闲的时候都不会想着看书，但是看到老师分享给我们的格言，如读书是为了让你成为一个有温度、懂情趣、会思考的人，是为了让你在跌宕起伏的生活中，拥有处变不惊的内心，让你在未来能独自度过那些漫长幽暗的岁月而不怨天尤人，我开始尝试在闲暇时放下手机，读上一本有意义的书（我最近在读《人际交往心理学》）。还有老师分享给我们的视频——小熊要爬很陡峭的雪山跟上妈妈而一次次失败滑下。这个视频让我很有感触，生活中，当你面对一些难以跨越的鸿沟时，往往没有人能够真正意义上地帮助你，这个时候只能靠自己，在那些最黑暗、最窘迫的日子里，咬紧牙，坚持，坚持，再坚持，要相信黎明就在黑暗的尽头，哪怕黑暗很久，久到筋疲力尽，也要向着希望的光努力。在终点出现的，是自己的喜悦，也是爱你的人的期待。

时间过得好快啊，“大学教育与诗意栖居”课程已经结束了，那些大家一起讨论、一起分享的场景历历在目。这个课教会了我很多，贝老师更带给了我很多，我没有辜负自己花费在这个课程上的时间，也将永远怀念这些没有认全的同学，那些讨论过的话题，那个记住了我也被我记住的贝老师。

“大学教育与诗意栖居”课后感

作者：2018 级　吴　奥

机缘巧合下报了“大学教育与诗意栖居”这门课，也许是听了舍友的推荐，也许是上学期就听闻过这门课的大名，也许是想见识见识我们数院“传说中的贝妈”，总之，我来了，听了，学了。

要是让我用一句话来概括贝老师的课，那么这句话会是“这是一堂读书故事会”。贝老师教给我们的不仅仅是诗意，更多的是做人方面的道理。理想、责任、毅力、宽容、选择……这些极具教育价值的主题都是贝老师课堂上的内容，贝老师在用自己的知识和人生阅历来教导我们。

为什么说贝老师的课是一堂读书故事会呢？

在第一堂课上，贝老师就向我们推荐了十二本读之颇有益处的书，并且为我们阅读了诗歌——《给我的孩子》。在之后的课堂上，贝老师每节课都会向我们展示一篇与课堂主题相契合的文章，并且让我们阅读、思考、讨论，这堂课就变成了读书会。而在给我们上课的同时，贝老师也向我们推荐了与课堂内容相关的好书，以丰富我们的阅读量，增长我们的见识，也给我们带来更深入的启发。

其实我更愿意将这堂课称为故事会，是因为贝老师并不只是用枯燥的理论来解释这些道理，更多的是用故事——别人的故事、自己的故事、平凡人的故事、名人的故事……这些故事往往都有一个共同点：以小见大。我们总能从一个小小故事的一个小小细节里得到感触颇深的道理，自己从一些真实事件中思考得出的道理总是让人印象深刻。尊重、追求梦想、奉献、诚信、责任……这些闪光的品质都在一堂堂课中贯穿，然后潜移默化地影响着我们。

虽然课时不长，但是我们能收获到的东西却很多：除了这些品格与精神外，还有为人处世的方法、态度，以及个人思考问题的方式，甚至是小组合作的经验……如果再来一次，我仍会选择这门课。

“大学教育与诗意栖居”课后感

作者：2017 级　王若冰

海德格尔说过，人要诗意地栖居在大地上。我们这门课程的名字就是“大学教育与诗意栖居”。当初选这门课，一是因为自己不喜欢看书，想要通过这门课让自己对看书感兴趣，对大学教育有更深的理解，二是因为这门课程课时只有 2—9 周，比较短。但是我在这短短的几堂课里却获益匪浅。

谈到大学，大学是一个什么样的地方？哲学家、数学家、教育家怀德海对大学的描述是：“大学就是一批有经验的老人和一批充满了求知欲望的年轻人在一起共同讨论问题的地方。”一批有经验的老人就是指老师，老师在我们接受教育的每个阶段都起着重要作用，我也曾在第一节课的时候分享过我的一个初中英语老师对我的巨大影响，让我对英语产生了极浓厚的兴趣。老师的一堂课甚至一句话都有可能影响甚至改变一个学生的一生。一批充满求知欲望的年轻人就是指我们学生，我想如果学生没有求知欲的话，就老师在那里授课唱独角戏，这样不仅是浪费老师的时间，也是在浪费自己的时间，这样的大学教育还有什么意义。大学就是提供我们机会去学到更多的知识，获得更多的技能，老师和学生应该是共同学习、共同成长的。

谈到理想，我相信每个人都有自己的理想，或大或小。我们需要认识自己，认清自己真正想要的是什么，不是随大流，也不是父母老师希望你以后做什么就做什么。实现理想是一个漫长的过程，需要付出很多很多的努力，甚至有时候可能付出了努力却没有收获。我也在反思自己，有没有为自己的梦想努力付出，有没有在学习上足够努力？显然并没有，没有花很多时间在学习上。有的时候学习、部门工作、兼职三者真的很难协调，但我想不管是哪一方面都是在锻炼自己的能力，都是在为成为优秀的人努力。Action speaks louder than words！行动胜于言语，不管嘴上说得多么天花乱坠，不付诸行动，一切都是徒劳。其实道理谁都懂，难的是如何去一步步付诸行动来实现，我想这也是我现在需要思考的问题，可以先制订一个个小目标，然后去实现大目标。

谈到责任，这在现代社会真的很重要，我们每一个人都要做一个有责任心、有担当的人。你说企业是会要一个有责任心的员工还是没有责任心的呢，答案可想而知。我们当代大学生应承担哪些责任呢？①对自身的成长发展负责。成长的关键取决于我们对大学的态度，取决于我们在大学里所获得的能力和学习方法。态度真的决定一切，考虑清楚自己来上大学的目的，如果只是随随便便混个四年，混个文凭，这是对自己不负责任。我自己是一个规划很明确的人，大一多加入一些喜欢的社团和组织，多去参加一些比赛活动，大二留任了部长，忙于工作和学习，大三准备考研，把课余时间花在学习上。此外，尽可能多去学习一些技能，提高自己的能力，未来的你会感谢现在努力的自己。②对家庭和亲人负责。③对周围的人和事负责。④对国家和社会负责。

谈到毅力，但凡要取得事业上的重大成就，除了知识和技术因素以外，很重要的就是坚持把事情做到底的毅力，不达目的决不罢休的精神。苦难是人生最好的老师。人生是需要苦难浸泡的，没有了伤痛，生命就少了炫彩和厚重。人生就是一条没有回程的单行线，人生浮沉是一种历练，岁月沧桑是一种积累。苦难是一把双刃剑，带给我们伤痛的同时，也会让我们瞬间成长。生活有酸甜苦辣，吃得苦中苦方为人上人！

谈到宽容，在一个人精神成人的人生道路上，我们不仅需要理想、责任感、坚强的能力，我们也需要一种宽容的人生态度。我们所处的社会如此复杂，我们很难改变这一切，唯一的办法就是改变我们自己的态度，用一种宽容的心境去对待这些人和事。就像我们以后走上工作岗位，会遇到许许多多不顺心的事，我们只能调整好自己的心态。有时候洒脱一点，便会柳暗花明；宽容一点，便会海阔天空。我妈妈也总是教导我要懂得宽容，不要斤斤计较，这样不仅让自己舒心，也会交到更多的朋友。在学习知识、追求真理的过程中培养自己学术思想上的宽容态度，在集体生活中也要培养自己的宽容态度。如何待人待物是一门学问，人心不是靠武力征服的，而是靠爱和宽容大度征服的。

其实这种授课我觉得是很有意义的，我也是第一次上这种课，它的教室和平常的教室不一样，学生和学生、学生和老师之间的互动交流，也像一群人坐下来谈心一样，没有那种压抑感，大家可以敞开心扉讨论，我挺喜欢这种上课方式的。贝老师在课上也经常跟我们分享很多她自己的故事或他人的故事。我觉得学到了很多，也听到了很多“心灵鸡汤”，老师讲的这五个方面不仅仅贯穿我们的大学生涯，甚至是整个人生都适用的法则，还是很有帮助的。谢谢老师！

学生分享

扫一扫

扫一扫

读《读书与治学》有感

作者：2018级　潘　晟

胡适作为新文化运动的倡导人，提倡白话文学而反对旧文学。他将西方自由思想和东方儒家思想相结合，形成一种崭新的传统。《读书与治学》从胡适先生丰富的著作、演讲和书信中撷取文章三十余篇，专门讲述青年人应该怎样读书、怎样治学。直到今天，我们依然可以从这本书中看到解决问题的方法，在读书、做事、做人这些领域获得有益的启示。

对于读书，人们经常问的问题是：为什么要读书？读那么多书干什么？通常而言，问这种问题的人一年阅读量不会超过五本。

而如果胡适先生来回答这个问题，我想他会说：读书就是读书，就是人们所说的为读书而读书。读书的目的无外乎三：获取信息，获取知识，娱乐消遣；读书动机同样有三：经世致用，训练思维，心旷神怡。这种读书目的极其简单，“大道至简”就是这么个道理。简单的东西因为简单而珍贵，读书也是如此。

既然已经明了读书的意义，那胡适先生自然会讲讲科学实用的读书方法。其中讲到胡适先生自己的方法：一是“精”，二是“博”。“精”讲求“眼到，心到，口到，手到”；“博”指除本身专业之外，不妨多有涉猎。“眼到，心到，口到”大家都不陌生，这是从小便学起的读书方法，而胡适先生在此基础上加了“手到”。何谓“手到”？便是读书时要提前备好工具和参考书，遇见陌生的字、词、句要勤查字典，有所思，有所悟，要常记笔记。俗话说，好记性不如烂笔头。我们总会遇到不理解的内容，若你跳过不管，便失去了一次自我提升的机会，应该拿起参考书仔细研读，真正记录下脑海中闪过的每一条心得，通过摘抄促进对内容的记忆、消化和理解，通过评论记录当下的思考。读书笔记的内容可以是好词好句、文章大意，也可以是自己在阅读过程中提出的问题。坚持记录，就会受益无穷。

在此基础上，胡适先生鼓励我们广泛涉猎。他曾说：“读一本书而已，则不足以知其书。”比如我们读《诗经》，最好先去看一看北大的《歌谣周刊》，便觉《诗经》容易懂。若先去研究一点社会学、文字学、音韵学、考古学等，以后看《诗经》就比以前懂得更多了。我们应该多读书，因为在一本极平常的书中，往往埋藏着一个很大的暗示；书读得多，则参考资料多，看一本书，就有许多启示从书中来。用一句话来概括，就是王安石所谓的“致其知而后读”。小的时候常常疑惑读书究竟该字字专注，还是应该泛读而不求甚解。这本书给出了一个完美的答案：读书治学当勤、谨、和、缓。而精、博二字宛如一座金字塔，高耸入云，又占地广阔。

除了读书，胡适先生最打动我的便是对为人处世的理解，以及对此在日常生活中的运用。在之前说的“博”中，胡适提出“一博是为参考”，“二博是为做人”。

人们除了问为什么要读书外，还会问为什么会有读书的欲望。就胡适先生的《读书与治学》来说，他认为，读书是因为有内驱力的存在。有了内驱力的督促才能将其转化为行动力，因为“想成为”才有行动，才会拿起身边的书读。一句话，读书是因为“他想要”。从读书映射生活，为什么现在越来越多的人丧失了前进的动力，因为他们在自我满足的温水中适应了环境，却失去了自我迭代的意愿，技能丧失，眼界收缩，心境变得局促，这些因素往自己的锅底添加了一把又一把的柴薪。直到有天，变天了，才发现自己和那只濒死的青蛙没什么区别。宛如读书一样，人生也需要内驱力的推动，让自己有“我想要”往前走的欲望，才能成为更优秀的人，不负来这世上走一遭。

我想，胡适先生的《读书与治学》之所以能流传到现在还被广泛传阅，除了其中对读书的见解，还因为他从读书升华到对人生的体悟。学历不直接等于文化水平，而文化水平不直接等于思想高度。从这本《读书与治学》中，我们学读书，更学为人。

读《读书与治学》“读书篇”有感

作者：2020级　朱唯一

自打高中以来，我便很少有机会静下心来好好读本“非杂书”的书了。近日在贝老师的推荐和作业的压力下，我终于有意愿去读一本好书，这本书是胡适先生的《读书与治学》。别看这本《读书与治学》不过巴掌大小，其中却蕴含着前人的智慧，令我颇有感悟。可能因为我是学生，所以我尤其对其中的卷一“怎样读书”，有着更多个人的领悟吧。

我们自小学起，就被老师们教导读书要“眼到，口到，心到”，而在《读书与治学》中，它们又一次出现了。不仅如此，胡适先生还在其中加了一个“手到”，并加以举例说明。何谓“眼到”？即认得每个字，看起来容易，而谁又敢说自己认得所有的字呢？哪怕不讲其他语种，就中文而言，字海浩瀚，就算是老学究，又有谁能认得所有字呢？何谓“口到”？简而言之，就是读书，“读书百遍，其意自见”，当你醉心于某段文字并为之流连忘返时，你自然而然地就能体会其中奥妙，仿佛身临其境，与古往今来的文豪作家们畅谈，岂不快哉？何谓“心到”？就是切实体会文章奥义，明白其中表意、深意，字字都要理解含义。

胡适先生所加的“手到”，与我们现在的大学生活更为契合，即常动手。大学课堂上，老师所讲的内容不局限于课本，有的课程甚至没有课本，那么我们要如何学习？唯有“手到”。老师所讲的重点，我们要动手记下来。而动手记笔记，不仅仅是记笔记，更可以使我们集中注意力，专心于课堂，拥有更高的学习效率。老师讲的并非全部需要摘抄，我们此时便要自己做总结以便于更好地学习。

胡适先生的读书真的只是“读书”吗？自然不是。胡适先生所讲的“眼到，口到，心到，手到”讲的是我们人活在世上所需学的、所用到的处世哲学，或许其中的部分哲理随时间迁移而不再适用，但真正精华的东西会随时代的变化而焕发出新的生机。

“眼到”，表面是让我们读书时字字认识，但“苟日新，日日新，又日新”，每一次读书，我们都难免会遇到不认识的字，此时我们更需要具有探索精神。同样，我们在日常生活中，要多加注意生活的方方面面，注意细节，以防在小的地方出大错。面对全新的事物，我们更要小心谨慎，“养成不苟且的人格”（出自胡适《读书与治学》）。

“口到”，表面是让我们读书要读出声来，其实是教我们“君子坦荡荡”，借读书来了解自己的喜好，再进一步了解自己的人格。了解自己，是会受到好文章的影响的。在读好文字的过程中，领悟其中奥妙，受文字熏陶，“入鲍鱼之肆，久而不闻其臭；入幽兰之室，久而不闻其香”，文字潜移默化地影响我们的人格，改善我们的气质，让我们“腹有诗书气自华”，为我们日后的人生殿堂添砖加瓦。

“心到”，表面是要我们了解字句含义，其实是要我们在日常生活中多思考，不要不求甚解，只知其然，不知其所以然。更有“君子生非异也，善假于物也”，我们要不吝于借用工具，来获取我们所需的知识和经验。

“手到”，虽然只教我们要做摘记，把书读薄，记录心得，甚至去写本书，但更多的是要我们不要做那纸上谈兵的赵括，要做那做了也不一定说的闻一多先生。要我们踏踏实实地做实事，把向外求的知识，化成自己的知识。不仅要读万卷经书，更要行万里山河，化虚为实，做出实打实的事业，让知识学以致用。

读书，读的不只是书，更是别人的人生，让我们从中借鉴并加以理解，去学习那些人的人生经验，去增长见识，来为我们的人生殿堂添砖加瓦。

胡适先生特别提倡“勤、谨、和、缓”四字诀，提倡“不苟且”等至理名言，时至今日，这些名言警句仍然熠熠生辉。我们当代大学生要做我们应做的事，尽我们应尽的责任。

读《教育的目的》有感

作者：2018级　周奇辉

《教育的目的》一书是英国数学家、逻辑学家、哲学家、教育理论家、形而上学创始人怀德海先生写的一本对教育有独到见解的书。读完这本书我的感受颇多。

从赤裸裸地来到这个世界上，我们便开始了受教育的进程，到目前这个阶段，不免心中有个疑问——我处于如此庞大的教育体系中，那教育的目的究竟是什么呢？原来我以为教育的目的就是获得知识，让自己获得足够的技能和本事，能在这个世界上幸福地生活下去，不愁吃穿。相信许多人会与我的想法类似。当我捧起这本书，看到封面上给出的——“学生是有血有肉的人，教育的目的是激发和引导他们的自我发展之路”时，我意识到，这与我先前的想法其实是异曲同工的。

开篇第一章是对“教育的目的”更为完整的诠释：教育的目的是要塑造既有广泛的文化修养，又在某个特殊方面有专业知识的人才。

他们的专业知识，可以给他们进步、腾飞的基础；而他们所具有的广博的知识，使他们既有哲学的深邃，又有艺术的高雅。自我发展才是最有价值的智力发展。

儿童时期是我们最早对这个世界有感知的时期，是我们最早对教育有认知的时期，这个时期一定要注意避免呆滞的思想——那些仅仅被大脑读取却没有经过实践验证，或没有进行融会贯通的知识。书中给了两条避免此类思想的方法：一是教师不要同时教授太多科目；二是如果教，教师必须教得透彻。

现在的孩子很小就被父母带去参加各种辅导班，或是一些兴趣培养班。在同一时段被灌输许多知识，其中可能会有他们喜欢的内容，也可能会有给他们增加负担的内容。强加给他们的这些所谓兴趣，大部分都只能为形成呆滞的思想做“增量”，也即填鸭式灌输思想。

书中还列举了许多世界名家的故事来例证儿童时期的教育不能太过杂乱，主要应以儿童的天性释放、兴趣的发现与引导为中心，不能死板灌输。

本书的主干部分是向我们介绍了从小学到大学这一成长过程应该科学地分为若干阶段，即教育的节奏。

从智力发展的阶段、浪漫的阶段、精确的阶段、综合运用的阶段到循环的阶段，每个过程都会有其对应的反应，这都是正常的，我们应该正视并接受。

当然，我们也能衍生出属于我们自己的节奏，它是以自由为基础，以开放的思维创造出的节奏。

同时，本书强调了技术、教育、科学和文学的关系，特别指出了古典文化在教育中的地位，旨在从科学、文化、文学等多个视角来解释教育的重要性。我们应该把精力花在如何让教育深入人心、如何让教育不被受教育者排斥上。学生之所以不爱学习，有可能是教师与学生之间的教学频率不一致导致的。

书中最后的章节阐述了大学及其作用。可能有的读者会觉得最后一章很突兀，前面的章节都在讲教育目的、教育节奏、教育方法等，为什么最后会讲大学的作用呢？我的理解是：前面讲的是教育在成长中的发展阶段，而最后一章便是教育的成熟阶段。大学是一群充满求知欲的青年人在一起探讨问题的地方，也是学生能够基本实现教育的自由节奏的地方。苏格拉底说过，教育不是灌输，而是点燃火焰。大学的作用就是点燃今后可以燎原的星星之火。

本书的末尾有一句话："智力的教育，断然反对灌输生硬的知识，反对没有火花的使人呆滞的思想。"这句话对我的启发很大。读完这本书，我认识到了教育的目的和教育的方法，这是我最大的收获。

读《人性能达到的境界》有感

作者：2021 级　陶怡梦

一直以来我对心理学就很感兴趣，所以我是抱着好奇欣喜的心情阅读《人性能达到的境界》这本书的。现在让我来分享一下我的阅读体验吧！

估计大家都听说过马斯洛，他是 20 世纪 50 年代人本主义心理学的主要创始人，被称为“人本主义心理学之父”。马斯洛的人性需求理论就是在这本书中提出的。

这本书的内容大致分为三个部分：人类需求层次理论、自我实现的八条途径、人性能达到的最高境界。

马斯洛在探讨人性的过程中结合了相当多的实验研究。论证有理有据，剖析深刻见底。他提出的人类需求层次理论一共有五个层次，这些层次从低到高排列：第一个，也就是最低的、最基本的需求是生理需求；第二是安全需求；第三是归属需求；第四是被尊重的需求；第五层，也就是最高层次的需求，叫作自我实现。

马斯洛发现人的需求都是按照这样一个层次逐渐递增的，他认为人的需求是连续不断的、无休止的。满足了低层次的需求后，会产生高层次的需求。对于大多数人来说，五类需求都只是部分得到满足，在某种程度上都有所缺憾。层次需求理论的内容占了全书大概三分之一以上的篇幅，但这本书的重头戏还在后面。

马斯洛把这五个需求层次剖析完后，开始重点剖析最后一个层次的需求——自我实现。

我对自我实现这个词是比较熟悉的，相信很多人对此都有印象。但是如果要让我们给它下定义，我想百分之九十的人都做不到。

在这本书中，马斯洛的定义是：自我实现只有一个标准，这个标准就是人把自身的所有可能性都发挥到极致，也就是一个人要把符合自己身份的事情干到极致。人必须忠实于自己的本性，这就是自我实现的需求。自我实现的人是心理健全的、能充分开拓和运用自己的天赋和潜力的人。我们作为高级生命个体，在达到基本生存需求的前提下，还应该去创造美好的生活境界，活出自己，活出意义。

为了趋向于自我实现，马斯洛总结出了八条途径：忘我、成长、真实、诚实、勇气、进步、放下防御心理、促进高峰体验。概括地讲，总结为一句话：自我实现的人都有着坚强的自我，善于正确地运用自己的力量，按照自己的真正本性发挥作用。

最后，作者讲了高峰体验——人性能达到的最高境界。因为达到这种境界的时候，人能体验到的那种喜悦是在其他需求层次上达不到的。达到这种境界或者处于这种状态是人人都可以实现的，但是它是需要过程的。作者认为自我实现的需求是全人类共有的，但是有些人的表现会让我们认为他们没有自我实现的需求。他们之所以会有这样的表现，第一个原因是前面的几个层次的需求还没有得到满足，导致最后一个层次的需求还没有显现出来，第二个原因是，作者提出了心理学上的“约拿情结”，即刻意躲开自己的最佳潜能，害怕仔细设想自己能够达到的最高可能性。通俗地说，就是一个人一直想着去做一件事，当这件事马上要发生的时候，这个人却临阵脱逃了。现实生活中，很多人会主动避开自己的这种高峰体验，这虽然令人感到奇怪，可这是真实人性的体现。人们躲开高峰体验的原因可能是受逃避责任心态的影响。

说实话，读书的过程中我仿佛觉得自己在神圣的世界里尽情享受并探索着。那是一个未知的世界，也是一个充满正能量与纯粹人性的世界，没有人能在这个世界里隐藏什么，人心是暴露的、纯净的、美好的。都说读一本好书就如同与圣贤对话，如今我真正体会到了。除了享受读书的乐趣，这本书还给了我很多启迪，它让我对人性有了更理性、更深入的见解，不再是抱着虚幻的想象。在读了这本书后，我对自己实现目标的计划进行了系统的整理，形成了一套更加高级、合理、优化的人生计划。人性能达到的最高境界是人人都向往的、追求的，所以我推荐大家去看这本书，从中我们能学到很多从前触及不到的深邃的道理，同时这些道理也具有很高的实践性。将理论化为方法，将心中所想付诸行动，人生最大的价值在于实践，最大的遗憾莫过于停留在空想阶段。读一本好书不仅能够丰富心灵、滋养灵魂，也能为我们提供实践的动力，降低机会成本。我很感谢这本书，这是我最真实的想法。

读《人，诗意地栖居》有感

作者：2018级　琚东瑞

当初选贝老师这门课的时候，很大一部分原因是这门课的名字——大学教育与诗意栖居。当时我在憧憬，若真能诗意地栖居在世界上该有多么美妙。于是当老师列出一系列推荐书目时，我便顺理成章地选择了这一本。

此书一共分为八个部分，限于时间之紧迫、课业之繁重、本书内容之高深，我只选择了第四部分进行粗略阅读，在此写下自己的一点浅见。

所谓“诗意地栖居”，即“诗意地生活”，而诗意源于对生活的理解和把控，尤其是内心的那种安详与和谐，那种对诗意生活的憧憬与追求，而这正是我所期望的。

透过作者的文字，我感受最深的是若想真正地诗意栖居，必须要有一颗童心，抑或可以理解为“少年之气质”。下面，我将主要围绕它来阐述我的看法。

具有少年气质的人，应该是这样的：精力充沛，阳光开朗，对自己的生活有极高的把控度，足以应付生活中的大多数挑战，并不断向更高目标迈进，生活中纵然经受各种挫折与考验，体会各种辛酸苦辣，依然能保持这一气质不被异化。

而如果一个人真正地达到了这个层次，无论他处于怎样的境地，均是少年。无论他采用怎样的方式生活，或许他当时感受不到，但回首却发现一路上处处有诗意。

那么，人如何达到这个层次呢？或者说，一个各方面都有很多不足的人，该如何朝这个层次而努力呢？我们总被生活中接连到来的一波又一波事情所束缚，而无法按自己的意愿来做事。就好像此篇读后感的完成，就受到了生活中其他事物的影响。

生活中应该保持什么样的心态呢？面对心中的期盼，最好的法子是让理想之光照耀自己。心中永怀理想，纵然无法始终保持高昂的斗志，却可以让自己不被阴暗所奴役。另外最好还是保持宁静祥和，平静地接受发生在自己或别人身上的事情。

人，之所以区别于动物，是因为人除了有物质需求，还有精神需求。现在人们一味追求物质需求，在物质极为丰富的当下，心灵反而变得越来越空虚。忽视了精神的建设，便离诗意栖居的道路越来越远。无法体会祥和的生活，无法实现人类最本质的需求，无法达到最高的人生境界，岂不悲哉！愿我能实现这一切！

身在井隅，心向星光
——读《过去与未来之间》有感

作者：2021 级　宋艳龄

最近读了汉娜·阿伦特的《过去与未来之间》，感触颇深，想要借此来分享一些自己的拙见。

这是阿伦特的一本随笔集，通过犀利的批判和深刻的审视勾勒出了现代社会面临的紧迫危机。在八篇随笔中，阿伦特从过去的历史和常识中提炼出至关重要的信息，警示我们现在所处的状态，构建出向未来迈进的框架。

在具体展开之前，我更想讲一下作者本人，也就是汉娜·阿伦特的事。她是一个美籍犹太人，海德格尔、胡塞尔、雅斯贝尔斯都是她的老师。阿伦特曾经被《纽约客》邀请到耶路撒冷观看对艾希曼罪行的审判，并撰写了一篇报道。大家都认为，作为一名犹太人，在种族的层面上，阿伦特理应对纳粹做出批判，但她却站在哲学角度，对艾希曼行为的实质进行了解剖。

阿伦特提出了一个词，叫作“平庸之恶”，意为一个平庸普通的人，在麻木中陷入无意识地作恶，就像阿伦特当时见到的艾希曼一样。艾希曼是一个浅薄苍白平庸肤浅的上班族，自以为只是在做自己的本职工作，却陷入了一种奇怪的不思考的状态，犯下了极恶之罪。艾希曼做出的个人陈述是，他没有亲手处决过任何一个犹太人，只是签字将十多万犹太人送进集中营，他以为自己只是在服从命令，从来没有思考过自己在做什么，这件事究竟是善是恶。

汉娜·阿伦特在书中讲道：“在罪恶的极权统治下，人不去思考所造成的灾难可以远胜于人作恶本能的危害的总和。这就是我们应当从耶路撒冷得到的教训。”追寻到极权的根源所在，人类才能警惕它，避免它继续作恶。这也正是阿伦特在当时的舆论和时势下，无惧千夫所指，坚持思考与表达的良苦用心。

小人物犯下的罪恶，是没有动机的人犯下的罪，没有犯罪理念，没有邪恶内心，没有魔鬼的意愿，但也恰恰是反差最大、最令人不可思议的。人做出平庸之恶的其中一个原因就是，社会越来越具体地分工，让每个人成为庞大机器的一颗螺丝钉，被固定在特定的位置上，重复固定的工作，习惯固定的认识，冗长的分工链条遮盖了价值的整体性，导致人们丧失了对一件事的价值评估和道德批判，陷入一种认知局限和不思考状态。

汉娜·阿伦特不断强调思考的能力，她认为，正是这种思考的无能，使得艾希曼不再有能力做出道德的判断。这种缺失，也让人们，那些平凡普通的人，制造出一种可能性，去做出规模庞大的罪恶行为。

“思考的风表现出来的，不是知识，而是分辨是非的能力，判断美丑的能力。我希望，思考能够给予人力量，在这些不多的时刻里，在危急时刻，阻止大灾难的发生。”这是在汉娜·阿伦特的传记电影中的一句话。在电影中，阿伦特不断强调思考的能力，是为了唤醒那些在社会中身处平凡之位，成为庞大工程中的一颗小螺丝钉的人，思考做事的意义，而不是退化为一个工具人，对面前的善恶浑然不知。

从苏格拉底和柏拉图开始，我们认为的思考是人开始对自身沉默的对话。思考带领我们去理解生命的价值。只有真正学会思考，才能为自己未来的道路做出合理的选择。就像是看到一条消息是否选择转发，未来是继续考研深造还是选择就业，无不需要我们的思考。大学里最重要的事情就是要学会独立思考，勤于思考，丢下浮躁，静下心来多读书，关注时事，读出自己的见解，不人云亦云。很多时候，我们遇到困难第一个想到的是上网寻求帮助，看别人的观点，久而久之就失去了理性思考的习惯，永远无法真正有所收获。

当我们还是天真孩童的时候，怀着一颗无知的好奇之心用眼睛看这个世界，理解周围的事物。在伴随着社会化的成长过程中，我们的双眼渐渐被杂乱的色彩蒙蔽，失去了那颗本真的心，无法不受干扰地去思考，去探索。网络使得信息更新越来越快，我们可以很快地知道这个世界发生了什么。看到各种各样的评论，我们掌握了许多信息，以为自己知道很多，却很少有人静下心来阅读历史遗留下来的经典。我们离好奇心和探索欲望也就越来越远。

身在井隅，心向星光。要想不被夹在过去与未来之间，需要我们不断地思考存在的意义。但令人唏嘘的事情在于，每个人劈柴喂马，关心粮食和蔬菜，却忘记在夜深人静的时候做一次心灵的反思。劈柴喂马的初心不是当一个弼马温，而是为了仗剑天涯。

读《人生至理的追寻：国学宗师读书心得》有感

作者：2018级　苏小艳

老师荐读的十本书，我最喜欢这本，却又追不到人生的至理。

读梁漱溟先生的摘录，体会他对人生至理的感悟。多个人物角色中最佩服和羡慕的是卓娅，她的品性甚好。而最给我深刻印象的就是甘地，以及甘地和尼赫鲁的相处。而我最读不懂的是梁先生佛学部分的阐释，许是自身积累太少，许是不太适应晦涩的文字，许是与佛之缘较浅。在这里，先生谈人性、真理、生命、思想、儒学、佛学、马克思主义，都是至真至深的体悟。我希望有一天我能把这本书读完整，读得更加透彻明白。

“慈爱、孝友、忠贞自昔中国人好言之，而如此至文犹不多见，吾是以不能不深深叹美之也。”这是读《卓娅与舒拉的故事》后梁先生之感，他认同慈爱、孝友、忠贞之文。卓娅的至性在于她率直、诚实、善良又自律。这些品性也是我的梦想，我希望我也能够做到诚实、善良、坦诚、自律。

“严正出乎秉性之自然，既非有意严正，亦非陷于惯性的严正，那是无碍于其人之和易近人、温厚可亲的。”严肃和平易近人是可以同时具备的两种品质，这也为那些对人对事严肃认真的人做了解释，有些人可能觉得这样的人让人生畏，不敢去接触，但事实并非如此，不能总是以眼里的世界为心里世界的钥匙，要花点时间和精力走近一个你不了解或者不喜欢的人，如果大是大非上没问题，那么就值得和他们深入交流。多些机会了解，你就会像发现新大陆一样开心，原来真正的他是这样的平易近人、和蔼好说话的。

其实这个故事里还有个人，对卓娅的品性形成，起到了一定作用。那就是卓娅的母亲，她很早就开始和孩子们共同解决家庭的收支问题，如何储蓄，如何同意舒拉的提议为西班牙战事中的妇女和儿童捐款，母子姊妹之间如何相互斟酌彼此需要后再行开支，等等。卓娅的母亲总是默默地关注着孩子们的成长，在这过程中让他们培养好的品性。而梁老对这一现象也给予了认可，认为如此胜于说教，赞其母时说：“呜呼，此母固不凡矣！”

在青年时期遇着一本有智慧的、有力量的、诚实的好书，有很重大的意义。所以读书很重要，读一本好书更重要。

在家庭教育这一块，作者除了赞扬其母不凡，更强调以身作则，亲身示范自己所说的每一条。要教育好孩子，首先自己要做榜样。

学生分享

扫一扫

扫一扫

扫一扫

扫一扫

扫一扫

扫一扫

后记

我于1996年6月奉调进入高校系统工作，忝列高校管理者行列。先后在舟山师范专科学校、原浙江海洋学院、嘉兴学院及浙江海洋大学从事管理工作，历时21年有余。

在此期间，恰逢我国高校从1999年的扩招到2003年的高等教育大众化的全过程。我国现代意义上的高等教育肇始于“精英教育”，直至1998年，我国高校的招生数量才达108万，毛入学率为9.8%，到2003年，我国高等教育毛入学率达到17%，进入高等教育大众化阶段，现在每年招生人数都超过800万，高校在校生人数位居世界第一。

我国高等教育这种从少数向大众的转变，对高校各个方面的影响都是巨大的。最直接的影响是生源的变化。部分高校教师很不适应这种变化，他们总是抱怨学生“今不如昔”；而学生们也抱怨大学教师不像高中教师那样严格管理、精心教学。所以，一到考试时，稍不慎，学生就会大面积不及格，这在一些普通高校尤为常见。于是，很多普通高校就迁就学生，将考试题目难度降低的有之，给考试画重点、圈范围的有之，给补考“放水”的有之。这样一来，社会对高等教育人才培养质量的诟病大大增加。对此，我们必须正视。

我们认为，我国高等教育从“精英”走向“大众”，是顺